insel taschenbuch 4887
Rita Kohlmaier
»Ich habe etwas zu sagen«

W0039790

Die Originalausgabe erschien 2018 im Elisabeth Sandmann Verlag
und wurde für die vorliegende Taschenbuchausgabe leicht gekürzt.

Erste Auflage 2021
insel taschenbuch 4887
© Insel Verlag Berlin 2021
© 2018 Elisabeth Sandmann Verlag GmbH, München
Vertrieb durch den Suhrkamp Taschenbuch Verlag
Umschlaggestaltung: Schimmelpenninck.Gestaltung, Berlin
Umschlagfoto: Michelle Obama, Foto: Miller Mobley/August, New York
Druck: Pustet, Regensburg
Printed in Germany
ISBN 978-3-458-68187-8

Rita Kohlmaier

»Ich habe etwas zu sagen«

30 Frauen, die das Wort ergreifen

Mit einem Vorwort von
Stevie Schmiedel

Insel Verlag

Inhalt

Vorwort von
Stevie Schmiedel 8

Einleitung 12

Ich bin … 18
Waris Dirie 20
Caitlyn Jenner 26
Nadia Murad 30
Laxmi Agarwal 34
Bärbel Bohley 40
Michelle Obama – Rede 46

Von Amts wegen … 48
Simone Veil 50
Seyran Ateş 54
Jane Goodall 60
Waltraud Schoppe 64
Estela de Carlotto 70
Hillary Clinton – Rede 74

#Next generation … 76
Chimamanda Adichie 78
Emma González 82
Patrisse Khan-Cullors 88
Malala Yousafzai 94
Manal al-Sharif 98

Wer, wenn nicht ich … 102
Ophra Winfrey 104
Angelina Jolie 108
Anita Lasker-Wallfisch 112
Petra Kelly 118
Winnie Mandela 124
Astrid Lindgren – Rede 130

Ohne Worte // Aktionen
Emma Watson 25
Spanischer Frauenstreik 39
Pussy Riot 45
»Molka« in Südkorea 59
Vida Movahed 69
Cannes Women's March 93
Tess Asplund 117
Shamsia Hassani 129

Textnachweise 132
Bildnachweise 134
Literaturverzeichnis 134
Dank 135

»Erheben Sie Ihre Stimme. Wann immer Sie können und möchten!«

Sonst habt ihr keine Probleme?« »Männer und Frauen sind verschieden, schon mal was davon gehört?« »Man kann sich aber auch über jeden Mist aufregen!« »Sei doch nicht so hysterisch!« Das sind die milderen Sätze, die sich Emmeline Pankhurst im frühen 20. Jahrhundert anhören musste, als sie für das Frauenwahlrecht auf die Straße ging und abertausende Frauen mobilisierte, Gleiches zu tun. Auch heute, nach 100 Jahren Frauenwahlrecht, müssen sich feministische Autorinnen wie Laurie Penny oder Aktivistinnen wie Emma Watson mit einem Widerstand auseinandersetzen, der ihre Arbeit als unnötigen Luxus, narzisstische Spielwiese oder verbohrten Wahnsinn abtut.

Diese Kritik schmerzt damals wie heute. Denn gerade Frauen werden weiterhin erzogen, sich zurückzunehmen, nicht so laut zu sein, eher zu geben als zu nehmen und »wie das Veilchen im Moose, nicht, wie die stolze Rose« zu sein. Wer von Ihnen hat diesen volkstümlichen Vers noch in seinem Poesiealbum aus Schultagen stehen? Auch wenn starke Frauen in der Vergangenheit immer wieder Rechte für uns erkämpft haben, hält der Anspruch, wir sollten nicht so laut sein, an. Heute kommt das Veilchen als rosafarbene Prinzessin auf Mädchen-Schulranzen daher, dünne, liebe Feen, die sich aufopfernd um Tiere kümmern, während ihre Pendants, meist wilde Piraten, mit dem Säbel rasseln und anderen den Ton angeben.

Auch 2018 noch haben sich Frauen zurückzunehmen – in Ausdruck, Lautstärke, Erfolg und bitte auch beim Essen – und werden gelobt, wenn sie es tun. Nicht umsonst findet die Presse Angela Merkel zu »männlich«, Andrea Nahles zu »derbe«, Carolin Kebekus zu »prollig« und die meistgesehene Mädchensendung in Deutschland beschäftigt sich mit dem Berufswunsch »Topmodel« – das Veilchen unserer Zeit.

Jede Frau, die sich gegen das »Sei niedlich! Sei stille Dekoration! Sei Haushaltskraft!« unseres jahrtausendealten Patriarchats gewehrt hat, hat nicht nur einfach ihre Stimme gegen äußere Widerstände erhoben. Sie musste sich auch immer gegen eigene Widerstände durchsetzen, gegen das Bollwerk ihrer Identität, das durch die Macht der Erziehung und Umwelt errichtet wurde. Jede blumige Fee auf jedem Kindershampoo schaut noch heute die Betrachtenden an, als sage sie: Hast du mich auch lieb? Entgegen dieses Gefallen-Wollens Rechte einzuklagen, die uns zustehen, war damals ebenso schwer wie heute. Und während sich Frauen durch gesellschaftliche Vorgaben aus ihrer Identität kämpfen, bedrohen sie oft die von Männern. So weit, dass die eingangs erwähnte Kritik tatsächlich nur die gemäßigte Version zahlreicher Mord- und Vergewaltigungsdrohungen ist, die Netzfeministinnen heute täglich über Facebook, Twitter und Youtube erhalten.

> »Heute kommt das Veilchen als rosafarbene Prinzessin auf Mädchen-Schulranzen daher, dünne, liebe Feen, die sich aufopfernd um Tiere kümmern, während ihre Pendants, meist wilde Piraten, mit dem Säbel rasseln und anderen den Ton angeben.«

Ob es um die Gehaltsschere, sexualisierte Gewalt, Belästigung am Arbeitsplatz, weibliche Altersarmut, Hilfe für alleinerziehende Mütter, gläserne Decke, §219a, Rechte für LGBTQ+, Sexismus in den Medien und der Werbung und die vielen anderen Fehlstände geht, die wir heute noch thematisieren müssen: Es wird Frauen of Colour immer noch schwerer fallen, ihrer Stimme Gehör zu schaffen, als weißen Frauen. Dass Rassismus und andere Diskriminierungen im heutigen Feminismus bei jedem Kampf um Rechte mitgedacht werden müssen, zeigen uns wunderbare Frauen wie Chimananda Ngozi Adichie oder Emma González, die hier zu Wort kommen. Frauen erheben schon lange ihre Stimmen, und wir sind jeder einzelnen dankbar. Wir haben uns in

Stevie Meriel Schmiedel, * 1971, ist promovierte Kulturwissenschaftlerin mit Schwerpunkt Genderforschung und seit 2012 Geschäftsführerin von Pinkstinks.de, einer Protest- und Bildungsorganisation zu Sexismus und Homophobie.

unseren Sprechakten über das letzte Jahrhundert weiterentwickelt und können auch Differenzen untereinander aushalten. Wir werden über die Themen legale Sexarbeit oder religiöse Kopfbedeckung noch lange streiten, nicht weil es bessere oder weniger gute Feministinnen gibt – sondern weil wir alle die Rechte von Frauen im Herzen und unsere eigene Reise hinter uns haben, die uns in unserer Meinung geprägt hat.

Niemand wird über Nacht sensibilisiert. Auch die Männer nicht, die unsere Stimmen wieder zu einem hübschen Säuseln eindämpfen wollen. Der feministischen Bewegung aber haben sich im letzten Jahrzehnt unglaublich viele Männer angeschlossen. Sie sind auf Demos dabei, mit ihren Kindern auf den Schultern. Sie spenden unseren Organisationen oder schreiben unterstützende Blogeinträge für uns. Nach #MeToo haben viele offen angefragt, was sie tun können, um Sexismus entgegenzutreten, oder haben sich ehrlich gefragt, wo sie selbst schon Sexismus befördert haben. Wir haben sie nicht in Sippenhaft genommen und haben es nie getan. Heute arbeiten wir intensiv mit Männern zusammen, gerade auch, um denen die Angst zu nehmen, die ihre Identität durch uns in Gefahr sehen.

Wir müssen nur viel früher anfangen. Im Kindergarten und in der Schule. Mit Arbeitsblättern zu Gender-Marketing und der Frage, ob rosa wirklich nur für Mädchen ist. Wir brauchen sprechstarke weibliche Vorbilder und müssen sichtbar machen, was alles in 100 Jahren erkämpft worden ist – denn viele Kinder lernen in der Schule, dass Griechenland die Wiege der Demokratie ist. Aber wer erklärt ihnen, dass Frauen dort gar nicht vorkamen?

Dafür ist dieses Buch Gold wert. Schenken Sie es Ihren Freundinnen und Freunden, zu Festen und als Mitbringsel zum Abendessen. Verbreiten Sie die Botschaft, wie jung unsere Rechte sind, wie hart sie erkämpft wurden und dass wir weiterkämpfen müssen, um auch laut, raumeinnehmend, mächtig und stark sein zu dürfen. Und: Erheben Sie Ihre Stimme. Wann immer Sie können und möchten. Dieses Buch kann Ihnen den Mut dazu geben: Sie sind in bester Gesellschaft!

Ihre Stevie Schmiedel

»Ich habe etwas zu sagen. Was ich zu sagen habe, ist wichtig. Ich habe etwas zu sagen.«

A nnette Kolb war Schriftstellerin, natürlich hatte sie viel zu sagen. Doch das ist es nicht, was die kleine, scharfzüngige Frau im Jahr 1931 mit ihrem Ausruf »Ich habe etwas zu sagen« zum Ausdruck bringen wollte. Denn sie fügte hinzu: »Was ich zu sagen habe, ist wichtig.« Damit erhob sie Anspruch auf eine Meinungsführerschaft, wollte sie eine Weltsicht vermitteln, die auch für andere Gültigkeit, Verbindlichkeit erlangen sollte. Annette Kolb war Pazifistin, in Vorträgen redete sie gegen Weltkrieg und Völkerfeindschaft an, warb für Frieden und Ausgleich. So viel und so wirkungsvoll, dass die mächtigen Kriegstreiber meinten, zurückschlagen zu müssen. 1916 verhängte die Bayerische Regierung eine Brief- und Reisesperre – sie sollte ihre Gedanken nicht weiterverbreiten dürfen. Vor dem Terror der Nationalsozialisten floh sie erst nach Paris, dann nach New York. Die Stimme ließ sie sich nicht verbieten.

Kluge, mutige und höchst unterschiedliche Frauen kommen in diesem Buch zu Wort. Wie Annette Kolb haben sie etwas zu sagen – und auch sie lassen sich den Mund nicht verbieten. Leicht ist das nicht, denn viele müssen sich gegen jene Hälfte der Menschheit durchsetzen, die seit Jahrtausenden der Meinung war, sie spreche zu Recht für alle und alles. Es sind Widerstände zu überwinden, Spott und Häme zu ertragen. Frauen sprechen, auch wenn sie riskieren, dafür eingesperrt zu werden. Einige setzen sogar ihr Leben aufs Spiel. Sie tun es, weil sie etwas zu sagen haben. Weil sie gerechtere Verhältnisse wollen, weil sie die Welt zum Besseren verändern wollen. Wie die Schülerin Emma González, die sich mit der US-Waffenindustrie anlegt. Wie die französische Politikerin Simone Veil, die sich in den 1970er-Jahren für die Legalisierung von Schwangerschaftsabbrüchen einsetzte. Wie Manal al-Sharif, die sich als Frau in Saudi-Arabien hinters Steuer setzte und das Vormundschaftssystem in ihrem Land infrage stellte. Sie alle wissen: Eine bessere Welt wird es nur geben, wenn wir Frauen unsere Stimme erheben. Wenn wir sagen, was zu sagen, und fordern, was nötig ist. Es wird kein anderer für uns tun.

Die Geschichte der Frauen, die aufstanden und das Wort ergriffen, ist lang, dennoch dauerte es viele Jahrhunderte, bis mutige Einzelstimmen zu einem unüberhörbaren Chor anschwollen. Wie kam es dazu, dass Frauen meinten, schweigen zu müssen? Dass Männer die öffentliche Rede für sich beanspruchten?

Bereits im antiken Griechenland, bis heute als die Wiege der Rhetorik gepriesen, war die freie Rede nur einer auserwählten Gruppe von Männern gestattet. Frauen lebten schier unsichtbar, zu hören waren sie nicht. Heimchen am Herde, ihr Leben im Hintergrund, ganz so, wie es die Männer anordneten. Wie sie es in vielen Ländern der Erde immer noch tun.

Dass Frauen reden, befehlen, ja sogar regieren konnten, war dabei immer unbestritten. Ganze Zeitalter wurden nach Elizabeth oder später nach Victoria benannt. Ob eine Katharina die Große, eine Mary Stuart oder eine Maria Theresia – Männer hörten Herrscherinnen durchaus zu und kämpften bis aufs Blut dafür, dass dies so bleiben konnte. Doch zu behaupten, dass eine Frau, die nicht gesalbt und von Gottes Gnaden war, ebenfalls etwas zu sagen haben könnte, wäre wohl dem grotesken Einfall gleichgekommen, die Erde könnte keine Scheibe sein. Folglich waren auch Aufklärung und revolutionäre Deklaration der Menschenrechte das, was die Demokratie schon gut 2.000 Jahre zuvor war: schön und zukunftsweisend, aber leider nichts für Frauen. Wer, wie Olympe de Gouges, die Forderung aussprach, »Freiheit, Gleichheit, Brüderlichkeit« müsse auch die mitkämpfenden Schwestern einbeziehen, dem schlugen die Männer kurzerhand den Kopf ab. Damit war die erste, wirklich sprachgewaltige Feministin 1793 zwar mundtot gemacht, doch das, was sie zu sagen hatte, blieb unüberhörbar in der Welt: »Die Frau hat das Recht, das Schafott zu besteigen. Sie muss gleichermaßen das Recht besitzen, die Rednertribüne zu besteigen.«

Und auf diese strebten sie nun. Die Botanikerin Lydia Becker etwa, die am 14. April 1868 in Manchester als erste Frau in England eine öffentliche Rede hielt und für das Frauenwahlrecht warb. Olympe de Gouges wäre stolz auf sie gewesen, für Emmeline Pankhurst, die wenige Jahre später als junges Mädchen einen dieser Auftritte erlebte, wurde sie zur Inspiration. Sie gründete 1903 die Women's Social and Political Union, 1908 zogen bereits 500.000 Suffragetten durch London und forderten das Recht zu wählen ein. Im Jahr

Mai 1913, die Suffragetten haben New York City erobert, und Tausende beobachten den Marsch der Wahl-Kämpferinnen

zuvor war das Londoner Frauenparlament entstanden. Es sollte debattieren, bis die Bürgerinnen im regulären Parlament zugelassen sein würden, was 20 Jahre später endlich ohne Einschränkung der Fall war. Die Frauen in Deutschland und Österreich hatten sich das Wahlrecht gleich nach Kriegsende 1918 erstritten. Es traf den Nerv der Zeit. An der ersten freien und demokratischen Wahl am 19. Januar 1919 beteiligten sich 82,3 Prozent der Frauen. Die Frauenquote in der Weimarer Nationalversammlung lag bei 9,6 Prozent (erst 1983 wurde diese Quote mit 9,8 Prozent überflügelt).

Es war das Ende der verordneten politischen Stimmlosigkeit. In ihrer Jungfernrede am 19. Februar 1919 stellte Marie Juchacz, die erste Frau, die je im deutschen Parlament das Wort ergriff, klar, »dass wir deutschen Frauen dieser Regierung nicht etwa in dem althergebrachten Sinne Dank schuldig sind. Was diese Regierung getan hat, das war eine Selbstverständlichkeit: Sie hat den Frauen gegeben, was ihnen bis dahin zu Unrecht vorenthalten worden ist. (…) Durch die politische Gleichstellung ist nun meinem Geschlecht die Möglichkeit gegeben zur vollen Entfaltung seiner Kräfte.« Doch von der »Gleichstellung« zur »Gleichberechtigung« war es noch ein weiter Weg – den natürlich eine Frau ebnete. Denn ohne Elisabeth Selbert, eine der vier Frauen, die neben 61 Männern 1949 das deutsche Grundgesetz ausarbeiteten, wären Frauen rechtlich Menschen zweiter Wahl geblieben. Die promovierte Juristin beharrte auf dem Zusatz »Männer und Frauen sind gleichberechtigt« – ein Passus, den ihr die Kollegen nicht erlauben wollten, den sie aber mit einer

Stimmgewaltig: die Abgeordnete Marie Juchacz im Frühjahr 1919 bei einer Protestkundgebung in Berlin

groß angelegten Öffentlichkeitskampagne durchsetzen konnte. In einer emotionalen Rundfunkansprache wandte sie sich nach gewonnener Schlacht am 19. Januar 1949 an die Hörer, vor allem aber an die Hörerinnen: »Wissen überhaupt die meisten Frauen, wie rechtlos sie sind? (…) Dass sie beispielsweise bei einem Rechtsgeschäft, das über die Schlüsselgewalt hinausgeht, die Genehmigung des Mannes in jedem Fall brauchen, genau wie ein Minderjähriger?« Peu à peu wurden die Paragrafen mehrerer Gesetzbücher dem Gebot der Gleichberechtigung angepasst – schließlich verloren Männer auch das Recht, den Arbeitsplatz ihrer Ehefrau zu kündigen, wenn sie ihrer Meinung nach den Haushalt vernachlässigte. Das war im Jahr 1977.
Die eigene Lebenssituation reflektieren, vermeintlich Unumstößliches hinterfragen, Verbesserungen einfordern – wenn Frauen die Stimme erheben,

21. Dezember 1956: Rosa Parks in einem öffentlichen Bus in Montgomery, Alabama. Schwarze und Weiße sitzen nun nicht länger getrennt

hat dies, natürlich, oft erst einmal mit ihrem Frausein und den Beschränkungen zu tun, die sich daraus ergeben. Ob Alice Schwarzer in den 1970er-Jahren oder Chimamanda Adichie heute, alle vereint Simone de Beauvoirs Ruf von 1949: »Man wird nicht als Frau geboren, man wird dazu gemacht.« Und doch spricht, unter all den Frauen, die in diesem Buch zu Wort kommen, nicht einmal die Hälfte über die Geschlechterfrage. Denn weibliche Lebensthemen sind auch die Forderung nach Gewaltfreiheit, Bildung, Bürgerrechten, der Kampf gegen Antisemitismus oder Apartheid. Was all diese Rednerinnen eint, ist der Wunsch nach einer besseren Welt. Und so, wie die frühen Frauenrechtlerinnen geschmäht, beschimpft, inhaftiert, an Leib und Leben bedroht wurden, so zahlen auch sie einen hohen Preis. Indem sie über ihre Verletzungen sprechen, bieten sie immer wieder eine Angriffsfläche. Schmerzen nehmen sie dabei bewusst in Kauf.

Caitlyn Jenner berichtet über ihre Geschlechtsangleichung, wissend, dass sie nicht nur Empathie und Ermunterung, sondern auch Kritik und Hohn zurückbekommen wird. Waris Dirie macht ihre Genitalbeschneidung öffentlich, wissend, dass jede neue Rede sie in das alte Trauma zurückwerfen wird. Anita Lasker-Wallfisch erinnert an die Qualen, die man ihr in Auschwitz zugefügt hat, wissend, dass sie als Überlebende in ihrer Verzweiflung doch allein bleiben wird. Malala Yousafzai spricht in aller Welt über die Schüsse, die sie zum Schweigen bringen sollten, wissend, dass sie damit erneut ins Visier von Attentätern gerät. Doch sie alle wissen auch: Wenn sie schweigen, überlassen sie dem Bösen das Feld.

Und selbst wenn man ihnen die öffentliche Rede verwehrt, finden sie Wege, sich Gehör zu verschaffen. So wie Winnie Mandela während ihrer Verbannung, in der jedes zu viel gesprochene Wort neue Haft bedeutet hätte, womit ihre kleinen Töchter nach dem Vater auch die Mutter hätten entbehren müssen. Sie schrieb ein Buch über die Verbrechen an ihrem Volk, und die ganze Welt hörte zu. So wie die Studentin Sophie Scholl, die Flugblätter gegen das Hitlerregime auslegte, um ihre Mitbürger aufzurütteln. Sie wurde hingerichtet, doch ihr Schrei nach Freiheit und Ehre überlebte. So wie Vida Movahed, die junge Frau aus Teheran, die an einer vielbefahrenen Straßenkreuzung ihr verhasstes Kopftuch an einem Stock in die Höhe hält. Schweigend, aber sehr beredt.

Es sind auch bekannte Namen, deren Worte hier versammelt sind. Die Hollywood-Ikonen Angelina Jolie und Oprah Winfrey – sie könnten einfach ihren Ruhm genießen, und niemand nähme Anstoß. Doch sie erheben ihre Stimme für diejenigen, die sonst nicht gehört würden. Und es sind noch unbekanntere Namen wie Nadia Murad und Laxmi Agarwal, Opfer schlimmster Verbrechen. Sie sprechen, um andere Frauen zu schützen.

Zum Schluss eine Erinnerung an die Frau, die so großartige und widerständige Rednerinnen wie Michelle Obama, Petra Kelly, Patrisse Khan-Cullors als ihr Vorbild und ihre Inspiration ehren: Rosa Parks. Im Jahr 1955 weigerte sich die damals 42-jährige Schwarze im Bus in Montgomery, Alabama, ihren Platz zu räumen, weil ein weißer Fahrgast eine ganze Sitzreihe für sich beanspruchte. Sie sagte ein einziges Wort: »Nein.« Für dieses »Nein« ging Rosa Parks ins Gefängnis – und später in die Geschichte ein. Denn es war ein »Nein«, das Millionen Menschen ermutigte, ebenfalls ihre Stimme gegen die Rassentrennung zu erheben.

Ein einziges Wort nur, doch es sagte alles, was zu sagen war. Wahrhaftig und aus tiefstem Herzen. Veränderung beginnt mit einem einzigen Wort – wenn es etwas zu bedeuten hat. Und mit einer einzigen Frau, die es ausspricht.

ICH BIN …

Waris Dirie

* 1965

Beneidet, bejubelt, umschwärmt – Waris Dirie führt ein Leben im Scheinwerferlicht. Foto-Shootings an den glamourösesten Orten, Fashion-Shows in Paris, London, New York, Mitte der 1990er-Jahre ist die schöne, große Frau aus Afrika ein Supermodel und auf dem ganzen Globus unterwegs. Was jedoch niemand ahnt: Waris Dirie wird von den Alpträumen ihrer Kindheit verfolgt. Und sie weiß inzwischen auch: Wenn niemand aufsteht und das Unrecht beim Namen nennt, werden es auch die Alpträume von Millionen anderer Frauen sein. Auf dem Höhepunkt ihrer Karriere findet Waris Dirie schließlich den Mut und die Kraft – sie spricht über das bis dahin Unaussprechliche: dass sie als kleines Mädchen beschnitten wurde, dass man sie gemäß einer jahrhundertealten Tradition an den Genitalien verstümmelte. Mit ihrem Bekenntnis schockiert sie die Welt, sie rüttelt die Menschen auf und erreicht schließlich sogar die Politik.

Sie redet vor den Vereinten Nationen, kämpft als UN-Sonderbotschafterin gegen Genitalverstümmelung, initiiert Gesetze gegen das barbarische Ritual. Sie schafft ein neues Bewusstsein. 2015 eröffnet sie in Nairobi die Weltkonferenz gegen weibliche Genitalverstümmelung (FGM) und sagt:»FGM ist keine Tradition. FGM ist keine Kultur. FGM hat nichts mit Religion zu tun. FGM ist ein reines Verbrechen. Das muss sich ändern. Und diese Veränderung liegt in unseren Händen.«

Ihr neues Leben als Sprecherin und Aktivistin begann mit einem Interview für eine Frauenzeitschrift, in dem sie vom Trauma ihres Lebens spricht. Darüber, wie sie als Fünfjährige zur Frau werden sollte. So hatte es die Mutter erklärt, die selbst, wie über 90 Prozent der weiblichen Bevölkerung im ostafrikanischen Somalia, beschnitten ist. Wie die Mutter sie festgehalten hat, damit ihr eine alte Frau, die als Beschneiderin durch die Wüste zog, mit einer abgebrochenen Rasierklinge Klitoris und Schamlippen abschneiden konnte, das blutende Fleisch dann mit einem Zwirn zusammennähte, nur ein kleines Loch für Körperflüssigkeiten offen ließ. Zweimal verlor sie während der Folter das Bewusstsein, später entzündete sich die Wunde, die einmal ihre Genitalien waren, und sie bekam hohes Fieber, doch sie überlebte. Zwei ihrer Schwestern waren an den Folgen der Tortur gestorben. Jede einzelne Frau, die das Grauen durchsteht, hat ihr Leben lang Schmerzen, vor allem beim Geschlechtsverkehr. Und vielen von ihnen näht der Arzt oder eine Beschneiderin nach jeder Geburt die Vagina aufs Neue zu.

»Wären weiße Mädchen betroffen, wäre das längst kein Thema mehr, es wäre längst ausgerottet. Aber diese Mädchen in der dritten Welt haben keine Lobby.«

Als der Vater sie an einen alten Mann verheiraten will, wagt sie die lebensgefährliche Flucht durch die Wüste, deren Gelingen allein schon einem Wunder gleicht. Da ist Waris, die bisher nur das Leben in ihrer Familie und als Ziegenhirtin kannte, 14 Jahre alt. Mit einem Onkel und dessen Frau schafft sie es von der Hauptstadt Mogadischu bis nach London, wo sie als Dienstmädchen im Diplomatenhaushalt der beiden arbeiten soll. Es wird ein Sklavendasein, ohne Bezahlung, ohne die fremde Sprache lernen zu dürfen. Als der Onkel zurück nach Somalia beordert wird, wagt sie erneut die Flucht – als Teenager lebt sie erst auf der Straße, schließlich im Jugendheim und schlägt sich mit Gelegenheitsjobs durch. Bei einem dieser Jobs erlebt sie das zweite Wunder: Einem Fotografen fallen ihre Schönheit und Ausstrahlung auf, er bietet ihr ein Shooting für den erotisch aufgeladenen Pirelli-Kalender an. Es ist ihr Einstieg in die Welt der Models und der Mode.
Doch Waris Diries Gesundheit ist angegriffen, jede Menstruation wird zur Qual. Dennoch sollen Jahre vergehen, bis ihr klar wird, dass dies nicht normal ist – so wenig normal wie die Verstümmelung von Frauen. Da erzählt sie eher nebenbei einer Freundin von ihren Schmerzen und auch von der

Beschneidung. Freundin Marilyn, eine Britin mit afrikanischen Wurzeln, versteht erst nicht, dann bricht sie fassungslos in Tränen aus.

Das legendär gewordene Interview mit »Marie Claire« im Jahr 1997 wird eine Anklage, die ihr weiteres Leben verändert. Denn praktisch über Nacht macht die Frau, die als erste Schwarze überhaupt das Gesicht eines großen Kosmetikkonzerns wurde, nicht mehr nur mit ihrer Schönheit Schlagzeilen, sondern mit ihren Worten. Schon bald ist sie eine der wichtigsten Sprecherinnen für Frauenrechte, indem sie sich als Kämpferin gegen die Verstümmelung von Millionen Mädchen nicht nur in Afrika positioniert, sondern überall auf der Welt. Nach einem Auftritt im US-Sender NBC wird auch die UNO auf Waris Dirie aufmerksam, Generalsekretär Kofi Annan ernennt sie zur Sonderbotschafterin der Vereinten Nationen im Kampf gegen weibliche Genitalverstümmelung, Female Genital Mutilation, kurz FGM. Sie schreibt in »Wüstenblume« ihre Lebensgeschichte auf, die sich weltweit 10 Millionen mal verkauft. Dirie bringt weitere Bücher heraus, sie hält Vorträge auf der ganzen Welt, bekommt Preise und Ehrungen.

2003 gründet sie die »Desert Flower Foundation«, eine Stiftung, die gegen FGM weltweit vorgeht und Familien in den ärmsten Ländern unterstützt – wenn diese ihre Töchter vor Beschneidung schützen. »Wären weiße Mädchen betroffen, wäre das längst kein Thema mehr, es wäre längst ausgerottet. Aber diese Mädchen in der dritten Welt haben keine Lobby.« Ihr ist bewusst, was sie mit ihrem Engagement riskiert, dass sie die Rache der Fundamentalisten fürchten muss. »Ich weiß, dass meine Arbeit gefährlich ist, und ich gebe zu, dass ich Angst habe.« Aber sie weiß auch: »Solange sich das Bewusstsein der Menschen nicht verändert, wird sich niemals etwas ändern.«

Etwa 200 Millionen Mädchen und Frauen, so schätzt die Weltgesundheitsorganisation, sind an den Genitalien verstümmelt, alle 11 Sekunden wird ein weiteres Opfer misshandelt. Allein an die 50.000 davon leben in Deutschland, ergab eine Studie des Familienministeriums im Jahr 2017. Migration und Flucht haben das Problem in die reichen Industrienationen gebracht. Doch seit Waris Dirie ihre Stimme erhoben hat, wurden in vielen Ländern die entsprechenden Gesetze erlassen oder verschärft.

In vielen Ländern, wo die Verstümmelung kleiner Mädchen lange Zeit nicht zur Kenntnis genommen wurde, gibt es nun erste Verurteilungen. So wurde in Frankreich im Jahr 1999 eine Beschneiderin zu acht Jahren Haft verurteilt, 2002 dann ein aus Guinea stammendes Paar, das seine vier Töchter beschneiden ließ. Im französischen und im deutschen Fernsehen liefen Spots gegen das relativ neue Phänomen des »Beschneidungstourismus«.

Um Strafen zu umgehen, schicken Immigrantenfamilien ihre Töchter zu Verwandten in die alte Heimat, um sie dort verstümmeln zu lassen. Allein in einer Stadt wie München, so heißt es, seien 800 kleine Mädchen bedroht. Inzwischen ist FGM in Deutschland selbst dann strafbar, wenn sie im Ausland geschieht. Zwar haben auch viele Länder, in denen Beschneidung sozusagen zur Kultur gehört, entsprechende Gesetze auf den Weg gebracht, doch das alte Denken hält sich beharrlich. Auch dies ein Versäumnis der Politik, wie Waris Dirie beklagt. »1997 wurde ich zur UN-Sonderbotschafterin ernannt, aber erst 2012 hat die UN-Generalversammlung die Resolution gegen FGM verabschiedet.« Sie setze nun auf die Jugend: »Viele junge Menschen in Afrika, auch in ländlichen Gebieten, haben Zugang zum Internet und damit zu Informationen, die ihnen neue Perspektiven eröffnen. 700 Millionen Afrikanerinnen besitzen Handys.«

Waris Dirie ist nun über 50 Jahre alt, sie hat zwei Söhne geboren, und sie hat ihre Mutter, die weiter ihr Nomadenleben führt, wiedergetroffen und in die Arme geschlossen. »Meine Eltern waren beide Opfer ihrer Erziehung, eingebunden in eine Kultur, die diese Praktiken seit Jahrtausenden von Jahren unverändert fortführt.« Und sie kämpft immer noch gegen dieses Unrecht, auch wenn sie zwischendurch meint: »Meine Mission ist erfüllt. Ich war oft die Einzige, die ihre Stimme erhoben hat, es war nicht immer gut für mich.« Oder: »Das kann man nicht sein ganzes Leben lang machen.« Wer sieht, wie sie bei ihren Auftritten um Fassung ringt, wie sie bei ihren Vorträgen immer aufs Neue den Schmerz ihrer Kindheit durchlebt, der erkennt: Die Verletzungen ihrer Seele sind nicht geheilt, der Alptraum ist nicht vorbei.

Männer, Feminismus ist auch Eure Sache!

Mit 18 entschied sie: »dass ich Feministin bin«. Seitdem setzt sich der britische Filmstar Emma Watson für Gender-Gerechtigkeit ein. Als UNO-Botschafterin startete sie die HeforShe-Kampagne, die Jungs und Männer ermutigen soll, sich für Frauenrechte einzusetzen. »Wir wollen versuchen, so viele wie möglich wachzurütteln, damit sie Botschafter des Wandels werden.«

Caitlyn Jenner

* 28. Oktober 1949

S ie trug ein bodenlanges weißes Kleid, in der Taille gerafft, tiefer Aus-
schnitt, dazu ein glitzerndes Armband. Dunkles Augen-Make-up,
das Haar lang und lockig. Der Fernsehmoderator nannte sie schlicht
»atemberaubend«. Doch hinter dem glamourösen Auftritt steckte weit mehr,
als auf den ersten Blick zu sehen war, denn selten waren Äußerlichkeiten so
sehr auch Botschaft gewesen. In goldenen Schuhen stieg sie die sechs Stufen
bis zur Bühne hinauf. Und dann stand sie da, 1,88 Meter groß, und ihre hohen
Absätze ließen sie noch größer erscheinen.

»Wir sind alle unterschiedlich – aber das ist nicht schlimm.«

Ein wenig nervös, stolz – und sehr aufrecht. Mit ihrer damals noch tiefen,
kraftvollen Männerstimme sprach Caitlyn Jenner, die zu dem Zeitpunkt
jedoch noch ihren Geburtsnamen trug, über ihre Geschlechtsumwandlung,
die härtesten Monate ihres Lebens und ihre Erkenntnis nach einem langen
Kampf. Nach mehr als 60 Jahren war Caitlyn Jenner endlich bei sich angekommen, und diesen Augenblick genoss sie nicht in aller Stille. Caitlyn, als
Mann einst gefeierter Spitzensportler, dann ein Showstar mit eigener Soap,
begann ihr Leben neu. Und zelebrierte es wieder in aller Öffentlichkeit, übers
Fernsehen millionenfach in Amerikas Haushalte übertragen. Sie nutzte die
Promotion für die Verbreitung einer »sehr simplen« Forderung: »Die Men-
schen zu akzeptieren, wie sie sind. Ihre Unterschiedlichkeit zu akzeptieren.«
Caitlyn Jenner, am 28. Oktober 1949 als Mann geboren, hatte den ersten
großen Auftritt nach ihrem Coming-out sehr gezielt geplant. Anlässlich einer
Gala im Juli 2015 in Los Angeles, bei der ihr der Preis für besondere Courage

verliehen wurde, ergriff sie das Wort und sprach, teils unter Tränen, von der Transition, der Herausforderung ihres Lebens. Als Zehnkämpfer hatte sie bei den Olympischen Spielen in Montreal Gold für die USA geholt, woran Caitlyn nun 39 Jahre später erinnerte:»Ich habe hart trainiert, die Wettkämpfe waren hart, und dafür wurde ich respektiert. Aber diese Umwandlung war härter als alles, was ich mir je vorstellen konnte. Und genauso ist es für sehr viele andere. Schon aus diesem Grund verdienen Transmenschen etwas sehr Essenzielles. Sie verdienen Ihren Respekt.«

»Ich kam mir vor wie ein Lügner.«

Sich selbst mochte sie diesen Respekt über viele Jahrzehnte nicht zugestehen. Sie habe im Grunde bereits als Kind gewusst, dass sie im falschen Körper geboren sei, berichtet Jenner. Da ist sie über 60 und blickt zurück auf eine Achterbahnfahrt der Gefühle, der Wünsche und der Niederlagen. Schon die Sportkarriere sei so etwas wie ein Weglaufen vor sich selbst gewesen, das harte Training ein Kampf gegen den eigenen Körper. Doch die Arbeit brachte ihren Lohn, Jenner wurde zum Idol einer Nation. Zwei Ehen und vier Kinder später setzt sich ein Gedanke fest: Es ist das falsche Leben. Unter dem Anzug habe er Höschen und BH getragen. Beide Ehefrauen erfuhren irgendwann von seinen Empfindungen und seinen seelischen Nöten. Mit der Musikerin Linda begann er eine Therapie, doch auch das konnte die Ehe nicht retten. 1990 gab er seinen Wunsch nach dem anderen Leben vorerst auf – und heiratete ein drittes Mal. Als nach mehr als 20 Jahren auch diese Ehe scheiterte, fasste Jenner den Entschluss …

»Call me Caitlyn« – in sexy Pose wie ein 40er-Jahre-Model präsentierte sich Caitlyn 2015 in einer weißen Korsage auf dem Titelbild der Juni-Ausgabe des amerikanischen Magazins»Vanity Fair«. Über mehrere Monate hinweg hatte ein Autor sie begleitet und nicht nur beobachtet, wie sich der äußerliche, der körperliche Wandel vollzog, sondern vor allem einen Blick in die Seele dieser nun sehr berühmten Frau getan, die heute als Ikone der Transgender-Community gilt. Der Mut und die Offenheit, mit der Caitlyn, die erst Monate später ihren Vornamen ganz offiziell ändern durfte, an die Öffentlichkeit ging, wurden dort sehr unterschiedlich aufgenommen. Doch neben Ablehnung und Spott wird sie von einer Woge der Bewunderung und der Achtung gestützt. Mit ihrer Gala-Ansprache ließ sie das abwechselnd gerührte und begeisterte Auditorium wiederum tief in ihr Inneres blicken: »Die Wahrheit ist: Bis vor ein paar Monaten war ich nie auf jemanden getroffen, der trans war, der so war wie ich. Ich war noch nie einem Transmenschen begegnet, einfach nie. Wie Sie mitbekommen haben, habe ich meine Angelegenheit für mich allein und ganz privat behandelt, und das machte diese Reise zu einer unglaublichen Erfahrung. Sie öffnete mir die Augen, sie begeisterte mich, aber gleichzeitig war sie auch erschreckend.«

Auch wenn die Justiz die Rechte von Transsexuellen zunehmend stärkt und sie inzwischen etwa beim Militärdienst zugelassen sind – hinter jeder einzelnen Person steht ein Schicksal. Jenner erinnerte an junge Menschen, die sich über ihr Geschlecht nicht im Klaren oder im falschen Körper gefangen seien. »Sie werden gemobbt, sie werden geschlagen, sie werden ermordet und sie nehmen sich das Leben. Die Zahlen, von denen man hört, schwanken, aber sie zeigen die Realität dessen, was es heute heißt, trans zu sein. Genau vor einem Monat wurde die Leiche der 17-jährigen Mercedes Williamson, einer farbigen Transfrau, in Mississippi in einem Feld gefunden, sie wurde erstochen. Ich will auch über Sam Traub sprechen, einen 15-jährigen Transjungen aus Bloomfield, Michigan. Anfang April hat er sich das Leben genommen. Sams Geschichte verfolgt mich besonders, weil sein Tod ein paar Tage vor meinem ABC-Interview kam.«

»… ihr könnt Witze über mich machen, ihr könnt meine Absichten anzweifeln, nur zu.

Sie will etwas ändern. »Ihr könnt mich beschimpfen, ihr könnt Witze über mich machen, ihr könnt meine Absichten anzweifeln, nur zu. Ich halte das aus. Aber Tausende von Kindern da draußen, die sich die Frage stellen, wer sie sind – die sollten es nicht aushalten müssen.« Es war ihr Ringen um Respekt, für das ihr das Publikum stehend und lange applaudierte. »Durch den Respekt bekommen wir eine mitfühlende Gemeinschaft, eine emphatische Gesellschaft, und am Ende eine bessere Welt für uns alle.«

Nadia Murad

* 1993

Sie hat Applaus bekommen, wurde mit Menschenrechtspreisen ausgezeichnet, vom »Time«-Magazin zu den 100 einflussreichsten Personen der Welt gewählt und trat ein Amt an, das die UNO extra für sie geschaffen hat. Doch Nadia Murad will vor allem eins: Sie will Gerechtigkeit. »Ich bin hier, um darüber zu sprechen, wie der sogenannte Islamische Staat uns verschleppte, wie er jesidische Frauen zu Sex-Sklavinnen machte, und wie der IS einen Genozid an meinem Volk verübte. Ich bin hier, um zu berichten, was mir und meiner Gemeinschaft zugestoßen ist … Ich bin auch hier, um für diejenigen zu sprechen, die immer noch in Gefangenschaft sind. Ich bin hier, um über jene globale terroristische Vereinigung zu sprechen, die kam, um unsere Existenz, Kultur, Freiheit zu beenden, um über den Alptraum zu sprechen, der über Nacht das Leben einer Gemeinschaft ändert.« Gut neun Minuten dauert ihre Rede am 18. Dezember 2015 vor dem Sicherheitsrat der Vereinten Nationen, und man sah der damals 22-Jährigen an, welche Kraft und Überwindung es sie gekostet haben musste, über die finstersten Monate ihres Lebens, über die intimsten und furchtbarsten Momente zu sprechen.

Zwei Wochen nach dem Überfall auf ihre Heimatregion im kurdischen Teil des Nordirak, am 15. August 2014, trieben die Schergen des IS sämtliche Bewohner jesidischen Glaubens zusammen, ermordeten Hunderte Menschen, darunter auch ihre Mutter. »Die Kämpfer befahlen uns zur Schule, wo sie die Männer von uns trennten. Von der zweiten Etage aus habe ich beobachtet, wie sie die Männer schnappten und töteten. Sechs meiner Brüder und Stiefbrüder starben, dreien gelang mit Gottes Hilfe die Flucht vor dem Massenmord. Wir, die Frauen und Kinder, wurden in ein anderes Gebiet gebracht. Während der gesamten Fahrt beschimpften sie uns, außerdem haben sie Frauen und Mädchen grob angefasst. Gemeinsam mit etwa 150 anderen

Mädchen wurde ich nach Mossul gebracht, in ein Gebäude mit Tausenden jesidischer Frauen, die vom IS gefangen worden waren, um als Geschenk weitergereicht zu werden.«

In der menschenverachtenden Ideologie der Fundamentalisten gelten Jesiden, eine Glaubensgemeinschaft, die weltweit nur 800.000 Mitglieder hat, als Ungläubige, die man töten oder versklaven darf.

Für die 21-Jährige beginnt ein Martyrium, dessen grausame Einzelheiten sie den entsetzten Zuhörern der Vereinten Nationen vorträgt. »Ein Kämpfer kam und sagte, er würde mich nehmen, ich schaute nach unten, ich war verängstigt, als ich kurz hochblickte, sah ich einen großen Mann, er sah aus wie ein Minister. Ich schrie, ich will Sie nicht, Sie sind zu groß für mich, ich bin ein kleines Mädchen. Ein anderer Kämpfer kam rein, ich sah immer noch nach unten, ich sah seine Füße, er hatte kleine Füße, ich flehte ihn an, mich zu nehmen, ich war so in Panik vor dem großen Kämpfer. Der, der mich mitgenommen hat, forderte mich auf, zu konvertieren, ich tat es nicht, dann forderte er mich eines Tages zur ›Vermählung‹ auf, ich sagte, ich sei krank, die meisten der gefangenen Frauen hatten wegen der Angst ihre Menstruation. Eines Tages forderte er mich auf, mich für ihn anzuziehen und zu schminken, und in dieser schwarzen Nacht tat er es. Er zwang mich, seine kriegerischen Kumpane zu bedienen, er beleidigte mich, indem er mich zwang, mich unpassend zu kleiden. Ich konnte die Vergewaltigungen und die Folter nicht länger aushalten und beschloss zu fliehen, aber ich habe es nicht geschafft und wurde von einem seiner Wächter gefangen. In dieser Nacht schlug er mich zusammen, zwang mich, mich auszuziehen, und steckte mich in einen Raum mit sechs Kämpfern. Sie fuhren fort, Verbrechen gegen meinen Körper zu begehen, bis ich bewusstlos wurde.«

»Erkennen Sie den Massenmord, die Versklavung und die Verschleppung von Menschen als Genozid an ...«

Ihre Rede vor der UNO beendet sie mit einem Hilferuf: »Erkennen Sie den Massenmord, die Versklavung und die Verschleppung von Menschen als Genozid an, ich appelliere an Sie, finden Sie einen Weg, ein Verfahren vor dem Internationalen Gerichtshof zu eröffnen.«

Der von der UNO 1998 gegründete Internationale Strafgerichtshof kann schwere Verbrechen verfolgen und bestrafen, wenn die entsprechenden Länder nicht dazu in der Lage sind. Zwar bat die irakische Regierung die Vereinten Nationen drei Jahre nach dem Überfall um Unterstützung für die Strafverfolgung, da der Irak jedoch das entsprechende Abkommen bis Mitte 2018 immer noch nicht unterzeichnet hatte, war es der UNO nicht möglich, vor Ort zu ermitteln. Inzwischen haben mehrere junge Frauen aus Nadia Murads Heimat den Mut gefunden, sich zu Wort zu melden. Wie Lamija Baschar, die mit ihr zusammen den Sacharow-Preis des Europäischen Parlaments erhalten hat. 20 Monate musste sie die Gewalt des IS ertragen. Mithilfe von Nachbarn floh sie schließlich schwer verletzt in ein Flüchtlingslager. Im Mai 2016 wurde sie nach Deutschland geflogen, wo sie Schutz, therapeutische Behandlungen und ein neues Zuhause erhielt. Doch der genaue Ort bleibt geheim, zu groß ist die Angst vor der Vergeltung durch IS-Fanatiker. Etwa 5.000 Frauen und Mädchen landeten in den Fängen des IS, mehrere Tausend sind immer noch verschollen, 10.000 Männer wurden ermordet.

Im Kampf gegen ihre Peiniger und die Mörder ihrer Brüder, ihrer Mutter, ihrer Freunde hat Nadia Murad Unterstützung gefunden. Gemeinsam mit der britischen Menschenrechtsanwältin Amal Clooney erreichte sie, dass die UNO die Massenmorde und Verfolgung der Jesiden als Völkermord anerkennt – ein erster, wichtiger Schritt. 2016 sprach sie an der Seite ihrer Anwältin erneut vor den Vereinten Nationen, gleichzeitig wurde sie zur »Sonderbotschafterin für die Würde der Überlebenden von Menschenhandel« ernannt. Ein Amt, das ihr die Türen zu Politikern und Aktivisten in der ganzen Welt öffnet. Sie ist Gast auf Parteitagen, in Parlamenten, in Talkshows, sie trifft Regierungschefs wie Bundeskanzlerin Angela Merkel. Im Dezember 2018 erhielt sie den Friedensnobelpreis, als erste Irakerin und Jesidin: »Lasst uns zusammenstehen und gegen Ungerechtigkeit und Unterdrückung kämpfen«, beschwor sie eindringlich. Und damit löst sie das Versprechen ein, mit dem sie auch ihr Buch überschrieb, in dem sie ihr Leben, die Zeit vor und nach dem Überfall des IS beschreibt: »Ich bin eure Stimme.«

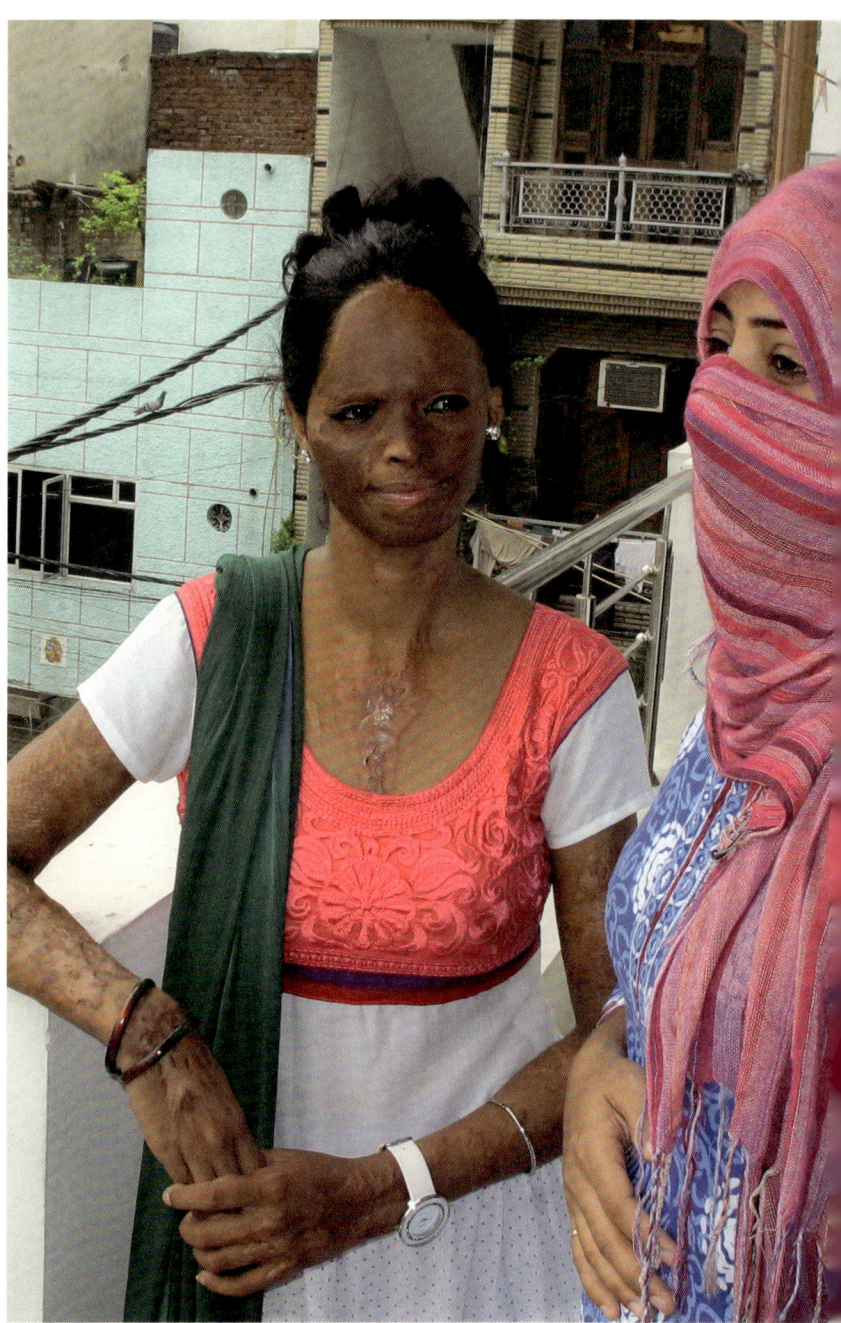

Laxmi Agarwal

* 1. Juni 1990

D och sie hat mich angelächelt …« Wenn Laxmi Agarwal vom ersten zahnlosen Strahlen ihrer Tochter erzählt, dann leuchten ihre Augen warm und voller Freude. Nichts sei bedrückender gewesen, sagt die junge Mutter, als die Angst, ihr Baby könne bei ihrem Anblick erschrecken und zu weinen beginnen.

Das Gesicht von Laxmi Agarwal ist schwer verletzt, die Haut verätzt und vernarbt, die Mimik gespannt. Zehn Jahre vor der Geburt der kleinen Pihu war die damals 15-Jährige von einem Mann mit Säure übergossen worden. Danach wurde sie wochenlang im Krankenhaus behandelt, neun Operationen waren bisher nötig, um die medizinischen Folgen wenigstens etwas zu lindern. Das Schicksal von Laxmi Agarwal ist kein Einzelfall in Indien, und viele Frauen können gar nicht erst behandelt werden, weil für die kostspieligen Operationen das Geld fehlt.

> »Es ging mir so schlecht. Als ich mein Gesicht gesehen habe, habe ich meinen Eltern gesagt, dass ich so nicht mehr leben will.«

Aber schlimmer noch als der Angriff sei die Reaktion einiger Verwandter und Freunde gewesen. Manche hätten den Kontakt zu ihr abgebrochen. Als sie sich irgendwann um Arbeit bemüht habe, wies man sie mit harschen Worten zurück: »Die Leute bekommen Angst, wenn sie dich sehen.«

Auch wenn Eltern und Bruder eisern zu ihr hielten, Trost spendeten und sie ermutigten, gegen ihr Schicksal anzugehen, verkroch die Jugendliche sich ein Jahr lang zu Hause, gefoltert von den Schmerzen und schwer traumatisiert.

»Meine Augen sahen aus, als würden sie gleich rausfallen, meine Lippen waren völlig verzogen, meine Nase war einfach weg. Mein Gesicht war das einer Fremden, und es war hässlich.« Doch Laxmi Agarwal stand wieder auf.

»Ich habe eins gemerkt: Wenn ich mein Gesicht verstecke, ist es dasselbe, als wenn ich schweigen würde.«

Ihr neues Leben begann, als sie beschloss, mit ihrer Geschichte an die Öffentlichkeit zu gehen. Heute nennt sich die junge Inderin aus Neu-Delhi »Acid Attack Fighter Laxmi«, und sie kämpft an vielen Fronten. Als »Fighter«, als eine Kämpferin möchte sie gesehen werden, nicht als Opfer. Denn: »Das Problem liegt nicht nur darin, ein Opfer zu sein, sondern auch darin, dass die Gesellschaft einen zum Opfer macht. Wir werden behandelt, als wären wir für nichts zu gebrauchen, als seien unsere Leben eine reine Verschwendung.« Kämpferin Laxmi hat seither schon einige Siege errungen: Der Attentäter, ein 32-jähriger Mann, dessen Heiratsantrag sie als 14-Jährige abgelehnt hatte, musste für zehn Jahre ins Gefängnis, was auch den hartnäckigen Bemühungen ihrer Familie zu verdanken war. In vielen anderen Fällen hatten die Anschläge bis weit ins 21. Jahrhundert hinein für die Täter keine oder nur wenig Folgen.

Laxmi Agarwal setzte die Regierung unter Druck, suchte Mitstreiterinnen und Mitstreiter, sammelte Unterschriften, reichte Petitionen ein. Schließlich, im Jahr 2013, wurde die Haftstrafe für einen verurteilten Attentäter auf zehn Jahre heraufgesetzt. Auch wenn immer noch viele der rund 1.000 angezeigten Fälle straffrei bleiben und die Anzeigen wieder zurückgezogen oder aus Angst gar nicht erst gestellt werden. Der Verkauf von Säure wurde erschwert, und der Staat sicherte zu, die Kosten für die medizinische Behandlung von Überlebenden zu übernehmen. Im Nachbarland Bangladesch wird für einen Säureangriff inzwischen die Todesstrafe verhängt, woraufhin dort die Zahl der Anzeigen und wohl auch die der Attacken drastisch zurückgingen.

Der überwiegende Teil der Attentate wendet sich gegen Frauen. Weil sie einen Mann zurückgewiesen oder ihren Ehemann kritisiert haben oder wegen eines Streits um die Mitgift, die der Familie des Mannes zu klein erscheint. Es sind Überfälle mit unvorstellbaren Schmerzen:»Zuerst war es kalt. Dann fühlte ich ein intensives Brennen und wie die Flüssigkeit meine Haut zum Schmelzen brachte, meine Haut tropfte herab.«Laxmis Gesicht, Dekolleté und beide Arme waren verbrannt und werden für immer vernarbt sein. Viele der attackierten Frauen erblinden, andere können nie wieder richtig atmen oder ihre Hände gebrauchen. Einige sterben an ihren Verletzungen. Jedes Jahr werden weltweit Tausende Frauen Opfer von Verbrennungen und Säureattacken, vor allem in Bangladesch, Kenia, Pakistan, Tansania, Kambodscha und im Iran. Offizielle Zahlen existieren nicht, da die Angriffe in vielen Ländern statistisch zu den Körperverletzungen gezählt werden und eben nur der geringste Teil überhaupt angezeigt wird.

Es war ihr Mut und wohl auch ihre wiedergefundene Freude am Leben, die Laxmi Agarwal zum Gesicht mehrerer Kampagnen machte. Ihr erster Schritt in die Öffentlichkeit war ihr Eintritt in die Organisation»Stop Acid Attacks«, die sich um Betroffene kümmert und für soziale Akzeptanz kämpft, denn »mit unseren verbrannten Gesichtern scheinen wir auch unsere Identität verloren zu haben«. Gemeinsam mit anderen Frauen gründete sie ein Café, das von Überlebenden geführt wird und denen, die im normalen Arbeitsleben oft keine Jobs mehr finden, Beschäftigung und ein Einkommen gibt. Nach und nach kehrten die Unsichtbaren, die Frauen, denen man ihr Gesicht nehmen wollte, in die Gesellschaft zurück. Laxmi Agarwal erzählte im indischen Fernsehen ihre Geschichte und die anderer Frauen. Einst stigmatisiert, wurde sie nun für andere zum Vorbild und prominent in aller Welt.

»Ich bin am Leben, frei und erfolgreich, und ich lebe meine Träume.«

Sie hielt Reden – vor der Nationalen Parlamentarischen Konferenz der Frauen, bei verschiedenen TEDx-Talks. 2014 erhielt sie den»International Women of Courage Award« der US-Regierung. Zwei Jahre später traf sie den britischen Thronfolger Prinz William und dessen Frau Catherine während einer Indienreise, es war Williams ausdrücklicher Wunsch. 2016 bot ihr schließlich eine indische Firma, die unter dem Titel»Face of Courage«auf der Fashion Week in London ihre Kreationen zeigte, einen Modelvertrag an. Laxmi Agarwal schritt über den Laufsteg und posierte auf Fotos für eine Werbekampagne. »Eine Modefirma zu präsentieren ist für mich die perfekte Möglichkeit, anderen Frauen ein Beispiel zu sein und ihnen zu zeigen, dass sie selbstbewusst und mutig sein sollen, unabhängig von ihrem Aussehen. Es ist für mich auch eine Plattform, um Kriminellen eine klare Botschaft zu schicken: Nicht alle Frauen verlieren ihren Mut, wenn sie mit Säure angegriffen werden, um ihre Schönheit zu zerstören«, sagte sie der BBC. »Unser Leben ist nicht nur das, was wir sehen. Denn es gibt mehr im Leben, als das Auge sehen kann.« Dazu gehört auch die Liebe. Beim Einsatz in der »Stop Acid Attacks«-Organisation lernte sie deren Co-Gründer Alok Dixit kennen. Bewusst haben sie sich gegen eine Ehe entschieden und leben dennoch zusammen. Laxmi Agarwal dazu in einem Interview mit Rediff, einem großen indischen Medienportal: »Die Probleme beginnen schon, wenn Frauen die von der Gesellschaft vorgegebenen Normen einfach so übernehmen, ohne sie zu hinterfragen. Ich muss niemandem etwas beweisen.«

»Unser Leben ist nicht nur das, was wir sehen. Denn es gibt mehr im Leben, als das Auge sehen kann.«

Auch die Gründe für das, was ihr angetan wurde, sieht sie letztlich in der unterschiedlichen Erziehung von Jungen und Mädchen: »Jungen wachsen auf, indem sie sich überlegen fühlen, mächtig und mit der Kontrolle über alles. Mädchen bringt man bei, wie sie sich anzuziehen haben, schüchtern zu tun und für die Familie zu kochen. Und so oft sollen sie ihre Karriere aufgeben, heiraten und Kinder bekommen. Ob es einem gefällt oder nicht, die Männer haben immer das letzte Wort. Das Mädchen darf nicht Nein sagen. Wenn man sich nun meinen Fall ansieht, was war mein Fehler? Ich habe einen Jungen zurückgewiesen. Und ich wurde bestraft. Bevor man dem Gesetz oder dem Mädchen die Schuld zuweist, sollte die Gesellschaft mal abstellen, Mädchen und Jungen mit zweierlei Maß zu messen.« Bei ihrer Tochter, die 2015 zur Welt kam, wird Laxmi Agarwal anfangen.

Spaniens Frauen: Ohne uns steht die Welt still

Millionen Frauen demonstrierten am Weltfrauentag für ihre Rechte. Auch in Spanien verschafften sie sich Gehör – und legten das Land lahm. Der erste feministische Generalstreik dort bewies: Ohne uns steht die Welt still.

Bärbel Bohley

* 24. Mai 1945 – 11. September 2010

Wenn Bärbel Bohley nach ihrer zwangsweisen Ausreise, dem sechs Monate dauernden Exil 1988 in England gefragt wurde, nannte sie es: »Die schlimmste Zeit in meinem Leben«. Sie wollte nichts als zurück in die DDR, wo die Herrschenden sie so gerne losgeworden wären, wo sie sich aber trotz aller Kritik am System, trotz aller Wut über die Unterdrückung zuhause fühlte. Als 1989 die Menschen dann via Tschechoslowakei und Ungarn über die Grenze türmten, weil sie Unfreiheit und Mangel nicht mehr ertrugen, gehörte sie zu denen, die riefen: »Wir bleiben hier!«

> »Man muss die Verhältnisse zum Tanzen bringen. Und ich glaube, das haben wir auch zum Ende der DDR gemacht, wir haben die Verhältnisse in der DDR zum Tanzen gebracht. Und nur, weil wir sie zum Tanzen gebracht haben, ohne Gewalt, ist auf wundersame Weise dieses Wunder geschehen.«

Gerade weil sie die Republik grundlegend verändern, den Mächtigen ihre totale Kontrolle entreißen wollte, musste dies von innen heraus geschehen. Die Bilanz zog sie später in Interviews, Schriften, Vorträgen, oft vor jüngeren Menschen, denen sie ihr Gefühl von Freiheit und Widerstand vermitteln wollte. »Mutter Courage«, »Jeanne d'Arc«, das »Aushängeschild der friedlichen Revolution« – schon seit den frühen 1980er-Jahren galt Bärbel Bohley als ebenso führende wie furchtlose Bürgerrechtlerin. Nach dem Mauerfall 1989 und erst recht seit ihrem Tod 2010 wird sie als Stimme und Gesicht des Widerstands in der DDR geehrt. Kettenrauchend, mit lakonischem Witz, stur. »Es gab viele Gründe, diese gottverdammte DDR zu verlassen: die Stasi, der Staatsbürgerkundeunterricht, diese öde Partei, die Mitläufer. Bärbel Bohley war ein Grund zu bleiben. Es ist doch unser Land. Nicht das der Genossen. Das war ihre Botschaft. Schnippisch, berlinisch. Also nehmen wir uns doch dieses Land. Plötzlich war das so einfach. Sie hat den Bann gebrochen«, schrieb der Ostberliner Journalist Stefan Berg nach ihrem Tod.

In einem Nachruf des Berliner »Tagesspiegel« nannte man sie »die bekannteste Ostdeutsche nach Angela Merkel. Oder besser gesagt: vor Angela Merkel«. Hätte es ohne sie doch kaum eine Bundeskanzlerin Merkel gegeben. Denn während die neun Jahre Jüngere an der Ost-Berliner Akademie der Wissenschaften in Theoretischer Chemie forschte, testete Bärbel Bohley, diplomierte Malerin, die Möglichkeiten aus, Grenzen einzureißen, egal, ob diese Grenzen nun die Herzen der Menschen einmauerten oder deren Reisefreiheit beschränkten. Doch der Preis, den sie dafür bezahlen musste, war hoch: Haft, berufliche Einschränkungen, erneute Haft, Ausweisung. Der Staat setzte die Daumenschrauben an – Bohley widerstand.

»Ich wollte gerne so leben, wie ich wollte, und ich wollte gerne, dass mein Sohn so leben kann und meine Freunde und dass alle Menschen so leben können.«

Schon der Vater, ein Lehrer, ließ sich nicht zwingen und lehnte einen Beitritt in die Staatspartei SED ab. Er wurde arbeitslos. Immerhin durfte die Tochter, gleich nach Kriegsende geboren und im zerbombten Berlin aufgewachsen, Abitur machen und später auch an der Kunsthochschule studieren. Doch den unbedingten Drang zur Selbstbestimmung, den hatte sie aus ihrem Elternhaus mitgenommen. 1982 gründete die überzeugte Pazifistin die DDR-Sektion des europaweiten Netzwerks »Frauen für den Frieden«, knüpfte Kontakte zu West-Politikerinnen wie Petra Kelly. Wegen »landesverräterischer Nachrichtenübermittlung« landete sie für sechs Wochen im berüchtigten Stasi-Untersuchungsgefängnis Hohenschönhausen.

»Wir hatten uns zum Singen und Beten versammelt, um nicht mehr zu schweigen.«

Von da an durfte sie ihre Kunstwerke nicht mehr öffentlich ausstellen, Staatsaufträge waren gestrichen. Stattdessen gründete Bärbel Bohley nun die »Initiative Frieden und Menschenrechte« und focht für Meinungs- und Versammlungsfreiheit. Ihr Atelier und ihre Küche wurden zum Forum, oder man traf sich in der Kirche. »Wir hatten uns zum Singen und Beten versammelt, um nicht mehr zu schweigen. Frauen wagten sich nach vorn, stellten sich vor, berichteten über ihre Erfahrungen. Ich sang in diesem Gottesdienst und spielte dazu Gitarre. Unter anderem sang ich einen Text, den Karl Marx 1836, als er achtzehn Jahre alt war, schrieb. Ich vertonte ihn eigens für diesen Abend: Darum lasst uns alles wagen, / Nimmer rasten, nimmer ruh'n. / Nur nicht dumpf so gar nichts sagen / Und so gar nichts woll'n und tun. / Nur nicht brütend hingegangen, / Ängstlich in dem nied'ren Joch, / Denn das Sehnen und Verlangen / Und die Tat, sie blieb uns doch.«

Während die Menschen in der DDR versuchten, einen Dialog mit den Herrschenden zu finden, mauerte sich der Staat umso verbissener ein. Als es 1988 nach einer Demonstration mit unerwünschten Plakatbotschaften (»Freiheit ist immer Freiheit der Andersdenkenden«) Verhaftungen und Ausweisungen gab und sich betroffene Angehörige bei der Bürgerrechtlerin meldeten, wurde sie erneut in Stasi-Haft genommen. Ziel: freiwillige Ausreise. Mit Psychoterror während der Fahrten zwischen Gefängnis und Anwälten zermürbte die Staatsgewalt seine prominente Kritikerin.

Der Transport geschah in einem Kastenwagen, »das war also wie eine winzige Telefonzelle, aber viel kleiner, man konnte sich nicht bewegen im Dunkeln. Und dann hielt dieser Wagen manchmal irgendwo eine Viertelstunde oder vielleicht waren es auch nur Minuten, mir kam es unendlich vor. Und da habe ich gedacht, vielleicht schubsen sie dich in den Weißenseer See, ein kleiner

Autounfall oder irgendetwas passiert. Ja, diese Gefühle hatte ich, und die haben mich letzten Endes auch dazu bewogen, diesen Reisepass anzunehmen und damit nach dem Westen zu fahren. Angst, wirkliche Angst!« Aber: »Ich wollte wieder zurück, und ich bin auch zurückgekommen.«

Nach ihrer Heimkehr aus Großbritannien ging es dann Schlag auf Schlag. Schon 1987 hatte Bohley eine neue Neigung zur Solidarität unter den Menschen gewittert. Bis dahin hatte man sich eher raushalten wollen, aber als Jugendliche die Zionskirche besetzt hielten, unterstützten Anwohner sie mit Getränken, Essen, einem Öfchen: »Die Leute begannen, ihr Gesicht zu zeigen.« Und so erhielt nun auch das »Neue Forum«, das Bohley zwei Monate vor dem Mauerfall mit 30 anderen Systemkritikern gründete und das sich bald zur Partei entwickeln sollte, breite Anerkennung. Dem Aufruf »Die Zeit ist reif« schlossen sich binnen Kurzem 200.000 Menschen an. »Plötzlich hatten alle das Gefühl, wir müssen es laut sagen, dass wir so nicht weiterleben wollen.« Es folgten die Montagsdemos mit dem Ruf »Wir sind das Volk!«, schließlich am 4. November 1989 die große Kundgebung auf dem Alexanderplatz mit einer Million Menschen und prominenten Rednern wie Christa Wolf, Stefan Heym, Marianne Birthler. Fünf Tage später war die Grenze an den Berliner Checkpoints offen.

Der folgende Anschluss des Ostens an den Westen war jedoch nicht in Bärbel Bohleys Sinn, so kam auch ein politisches Amt für sie nicht infrage, ihre Stimme wurde leiser. Mittels Hungerstreik erzwang sie Einsicht in die Stasi-Akten, »meine Stasi-Akte gehört mir!«, danach beschuldigte sie ihren langjährigen Anwalt in der DDR, Gregor Gysi, inoffizieller Mitarbeiter der Stasi gewesen zu sein. Doch mehrere Prozesse gingen zu Gysis Gunsten aus, für Bärbel Bohley ein neues, schreiendes Unrecht: »Wir wollten Gerechtigkeit und bekamen den Rechtsstaat.« Sie ging als Aufbauhelferin auf den Balkan, sammelte Spenden und baute Schulen und Brunnen für Kriegsrückkehrer in Bosnien. 2008, zwei Jahre vor ihrem Tod, kehrte sie, schwerkrank, in den Prenzlauer Berg und ihre alte Wohnung zurück. Auf die friedliche Revolution, der sie Führung und Stimme gegeben hatte, blickte sie frohen Herzens.

»Der Mensch ist nur ein Mensch, wenn er redet und wenn er sich öffnet und wenn er in den Dialog treten kann. Wenn er immer schweigen muss, dann verliert er auch sein Menschsein mit der Zeit, und das war bei uns so.«

Weibliche Gegen-macht in Russland

Seit 2011 prangern die Aktivistinnen von Pussy Riot beste-hende Hierarchien sowie Personenkult in Regierung und Kirche ihrer Heimat an. Doch die Performances haben ihren Preis: Immer wieder werden Mitglieder verhaftet und einge-sperrt.

Michelle Obama

»Genug ist genug«

(…) Tatsache ist, dass es in diesem Wahlkampf einen Kandidaten für die Präsidentschaft gibt, der im Laufe seines Lebens und während seiner Kampagne Dinge über Frauen gesagt hat, die so schockierend sind, so herabwürdigend, dass ich nichts davon wiederholen möchte. Und letzte Woche haben wir gehört, wie dieser Kandidat mit sexuellen Übergriffen gegen Frauen geprahlt hat. Und ich kann nicht glauben, dass ich jetzt sagen muss, dass es einen Präsidentschaftskandidaten gibt, der mit sexuellen Übergriffen gegen Frauen prahlt. Und ich muss euch sagen, ich kann nicht aufhören, daran zu denken. Es hat mich in meinem Innersten erschüttert, in einer Weise, die ich nicht hätte ahnen können. (…)

Das war nicht nur ein »unzüchtiger Plauderton«. Das war nicht nur Locker Room Talk. Das war eine mächtige Person, die frei und öffentlich über sexuell aggressives Verhalten gesprochen und tatsächlich damit angegeben hat, Frauen zu küssen und zu begrapschen, und das in einer Sprache, die so obszön war, dass viele von uns Angst hatten, unsere Kinder könnten sie hören, wenn wir den Fernseher einschalten.

Und um es noch schlimmer zu machen, scheint es jetzt eindeutig zu sein, dass das kein Einzelfall ist. Es ist eines von zahllosen Beispielen dafür, wie er Frauen sein ganzes Leben lang schon behandelt hat. Und ich muss euch sagen, dass ich all das höre und es mich so persönlich trifft, und ich bin mir sicher, viele von euch ebenso, insbesondere Frauen. Die beschämenden Kommentare über unseren Körper. Die Missachtung unserer Hoffnungen und unseres Geistes. Der Glaube, dass du alles, was du willst, mit Frauen machen kannst. Das ist grausam. Das ist beängstigend. Und die Wahrheit ist, es tut weh. Es tut weh. (…)

Das ist das Gefühl von Schrecken und Missbrauch, das zu viele Frauen erlebt haben, wenn jemand sie angefasst hat, sich ihnen aufgedrängt hat, obwohl sie Nein sagten und er einfach nicht darauf hörte – wie wir wissen etwas, das in Hochschulen und auf dem Campus und an zahllosen anderen Orten jeden Tag passiert. Das erinnert an die Erzählungen unserer Mütter und Großmütter davon, wie zu ihrer Zeit ihr Chef alles zu den Frauen in seinem Büro sagen und alles mit ihnen machen konnte und wie hart sie gearbeitet und jedes Hindernis überwunden hatten, um sich zu beweisen, aber es war nie genug. Wir dachten, all das wäre längst Geschichte, oder? So viele Frauen haben über so viele Jahre hinweg daran gearbeitet, diese Art von Gewalt, Missbrauch und Respektlosigkeit zu beenden, aber hier sind wir nun, im Jahr 2016, und wir hören genau diese Dinge Tag für Tag bei der Wahlkampftour. Wir ertrinken darin. Und wir alle tun, was Frauen schon immer getan haben: Wir versuchen, den Kopf über Wasser zu halten, es einfach durchzustehen, uns nicht anmerken zu lassen, dass es uns quält. Wir denken: Wenn wir zugeben, wie sehr es schmerzt, erscheinen wir als Frauen schwach. Vielleicht haben wir Angst davor, so verletzlich zu wirken. Vielleicht haben wir uns daran gewöhnt, unsere Gefühle herunterzuschlucken, ruhig zu bleiben, denn oft genug schon haben wir erfahren, dass sie unsere Worte nicht ernst nehmen. Vielleicht wollen wir es aber auch einfach nicht wahrhaben, dass es auch heute noch Menschen gibt, die Frauen so geringschätzen.

(…) Wenn das alles für uns als erwachsene Frauen schon so schmerzhaft ist, was glaubt ihr, macht es mit unseren Kindern? Welche Botschaft hören unsere Mädchen darüber, wie sie aussehen sollen, wie sie sich verhalten sollen? Und wie beeinflusst das die Männer und Jungen in diesem Land? Denn ich kann Ihnen sagen, dass die Männer in meinem Leben nicht so über Frauen sprechen. Und ich weiß, dass meine Familie nicht ungewöhnlich ist. Das als Locker Room Talk abzutun, ist eine Beleidigung für anständige Männer überall.

Um etwas ganz klarzumachen: Starke Männer – Männer, die wahre Vorbilder sind – haben es nicht nötig, Frauen herabzusetzen, um sich selbst mächtig zu fühlen. Menschen, die wirklich stark sind, heben andere hoch. Menschen, die wirklich mächtig sind, bringen andere zusammen. (...)

Wir brauchen jemanden, der eine verbindende Kraft für dieses Land ist. Wir brauchen jemanden, der die Wunden, die uns trennen, heilt. Jemanden, der sich aufrichtig für uns und unsere Kinder interessiert, jemanden, mit Stärke und Leidenschaft, um dieses Land in die Zukunft zu führen. (…) Vergessen wir nicht: Wenn die anderen ihre schlechte Seite zeigen, zeigen wir unsere beste.

Michelle Obama,   * 17.1.1964

»When they go low, we go high«, Wahlkampfrede in Manchester, New Hampshire, 13.10.2016

VON AMTS
WEGEN ...

Simone Veil

* 13. Juli 1927 – 30. Juni 2017

Zusammengekrümmt und nach vorne gebeugt sitzt sie hinter dem Pult, beide Hände gegen die Augen gepresst, als wolle sie ihre Umgebung für einen Moment ausblenden. Es ist wohl das einzige Bild von Simone Veil, das Frankreichs größte und bekannteste Politikerin niedergedrückt, am Ende ihrer Kräfte zeigt. Sogar als sie, die Holocaust-Überlebende, 60 Jahre nach Kriegsende noch einmal ins Vernichtungslager Auschwitz zurückkehrt, wird sie aufrecht und beherrscht in die Kameras blicken, die jede ihrer Regungen festhalten. Doch bei der emotionsgeladenen Debatte um das französische Abtreibungsrecht, für dessen Liberalisierung sie soeben die wichtigste Rede ihres Lebens gehalten hatte, da sinkt sie für einen Augenblick in sich zusammen. Ein Abgeordneter in der Nationalversammlung hatte ihr vorgeworfen, sie wolle zulassen, dass ungeborene Kinder in Verbrennungsöfen geworfen werden. Später sagt sie, sie habe nicht geweint. Das Bild zeige nur ihre unermessliche Erschöpfung damals, am 26. November 1974.

> **»Eine Abtreibung muss die Ausnahme bleiben, letzter Ausweg in einer hoffnungslosen Situation.«**

43 Jahre später, im Sommer 2017, ist es Frankreich, das um Fassung ringt – denn Simone Veil ist tot. Noch einmal ist sie Titelthema in der internationalen Presse, das französische Fernsehen bringt Sondersendungen, »Le Parisien« sagt in großen Buchstaben schlicht: »Merci Madame«. Und alle erinnern an Madames größten Erfolg: das »Loi Veil«, wie das Gesetz zur Legalisierung des Schwangerschaftsabbruchs in Frankreich nach seiner Vorkämpferin bezeichnet wird. Es war in der Tat ein harter Kampf, den sie gegen das bestehende Recht aus den 1920er-

Jahren geführt hatte. Nach drei Tagen und zwei Nächten des Tumults, nach 25 Stunden der Attacken, Beschimpfungen, Verleumdungen, die sie einstecken musste, hatte sie die Abgeordneten – 9 Frauen und 481 Männer – dann von ihrem Gesetz überzeugt. Auch daran erinnerten die Kommentatoren in ihren Nachrufen: Es sei die brutalste Parlamentsdebatte gewesen, die Frankreich je erlebt hat. Und der größte Sieg für das Selbstbestimmungsrecht der Frauen. Hunderttausende Frauen treiben zu diesem Zeitpunkt jährlich in Frankreich ab – illegal. Wer es sich leisten kann, geht ins Ausland, wer an einen schlechten Arzt gerät, der stirbt. 300 Opfer sind es jedes Jahr. Und es gibt Prozesse, wie den gegen eine 16-Jährige, die nach einer Vergewaltigung abgetrieben hatte. Zwar wird sie freigesprochen, doch die Debatte darüber spaltet die öffentliche Meinung. Im April 1971 hatten 343 prominente Frauen erklärt, darunter Simone de Beauvoir und Catherine Deneuve, sie hätten abgetrieben. (Zwei Monate später verkündeten auf Initiative von Alice Schwarzer auch in Deutschland 374 Frauen im »Stern«: »Wir haben abgetrieben.« Auf dem Titelbild gaben 28 Prominente wie Senta Berger, Romy Schneider, Veruschka von Lehndorff der Aktion ihr Gesicht.) Im Jahr 1973 hatten dann mehr als 300 französische Ärztinnen und Ärzte öffentlich gemacht, dass sie illegale Abtreibungen vorgenommen hätten, wofür sie jeweils fünf Jahre Haft riskierten.

Simone Veil, selbst Mutter von drei Kindern, wirbt für eine Lösung, die Schwangeren die Angst, die Einsamkeit der Entscheidung nehmen und ihnen die Würde lassen soll, sie argumentiert mit Zahlen, sie verspricht flankierende Maßnahmen wie den Ausbau von Adoptionsstellen, die es Frauen erleichtern sollen, ein ungewolltes Kind dennoch zur Welt zu bringen. Sie sagt: »Wir können nicht länger die Augen verschließen angesichts von dreihunderttausend Abtreibungen, die jedes Jahr die Frauen dieses Landes verstümmeln, die unsere Gesetze verhöhnen und die diejenigen demütigen oder traumatisieren, die sie als ihren letzten Ausweg sehen … Es tut mir leid, dass ich dies vor einer Versammlung erklären muss, die fast ausschließlich aus Männern besteht: Aber keine Frau wird leichten Herzens eine Abtreibung vornehmen lassen. Man muss nur den Frauen zuhören. Es ist immer ein Drama, und es wird immer ein Drama bleiben.« Präsident Valéry Giscard d'Estaing ist für die Änderung, sein Premierminister Jacques Chirac dagegen, so wie die Mehrheit des bürgerlich-konservativen Lagers.

Vor allem die Abgeordneten dieser Couleur wollen weder den Frauen noch der Ministerin zuhören. 74 Redner greifen in die Debatte ein, einige sprechen von »Mord«, von »Völkermord, vergleichbar mit dem Rassismus der Nazis«, von »Schlachthöfen« und schließlich von »Verbrennungsöfen«. An die Hauswand der Familie Veil wird mehr als einmal »Veil = Hitler« und das Hakenkreuz geschmiert. Doch gleichzeitig demonstrieren auf den Straßen die Frauen für das Recht, über ihren Körper bestimmen zu dürfen. Am 29. November 1974 um 3.30 Uhr morgens findet schließlich die Abstimmung statt – das Gesetz, das einen Abbruch erlaubt, wenn die Schwangere eine Notlage nachweisen kann, wird mit deutlicher Mehrheit und den Stimmen der Linken angenommen. Im Jahr 2014 entfällt der Passus, Schwangerschaftsabbrüche sind nun generell freigegeben.

Die Pöbeleien waren, wenn auch hitzig vorgetragen, eiskaltes Kalkül. Sie sollten Simone Veil in ihrer traumatisierten Seele treffen, sie in die Knie zwingen. Denn die Frau, der man die Hakenkreuze an die Wand kritzelte, Tochter einer jüdischen Familie aus Nizza, hatte als junges Mädchen das Vernichtungslager Auschwitz-Birkenau, den Todesmarsch und das KZ Bergen-Belsen überlebt. Sie hatte ihren Vater und Bruder im Holocaust verloren und zusehen müssen, als ihre Mutter kurz vor der Befreiung aus dem KZ an Typhus und Erschöpfung starb. Zurück in Paris, trug sie lange Ärmel, um die tätowierte Nummer auf ihrem Unterarm zu verstecken. Später sagte sie: »Wir Überlebenden wollten reden, die anderen wollten vergessen.«

Ihre Häftlingsnummer, 78651, ließ sie später in ihr Schwert gravieren, das sie wie jedes Mitglied der Académie française überreicht bekam. Nach ihrer Karriere als Richterin und Ministerin war sie erste Präsidentin des Europaparlaments in Straßburg geworden, schließlich auch »Unsterbliche«, wie die 40 auserwählten Mitglieder der Académie, Hüter der französischen Sprache, genannt werden. Nach ihrem Tod fand sie im Panthéon, der Ruhmeshalle für die bedeutendsten Menschen Frankreichs, ihre letzte Ruhe. Carla Bruni, Chansonsängerin und Frau des ehemaligen Präsidenten Nicolas Sarkozy, nennt sie ihre »Heldin der Gegenwart« und der Autor Jean d'Ormesson erklärte: »Ich senke meine Stimme, man könnte uns hören: Wir lieben Sie, Madame, so wie die Mehrheit der Franzosen sie liebt.«

Seyran Ateş

* 20. April 1963

Frauenrechtlerin. Islam-Kritikerin. Reformerin. Nestbeschmutzerin. Wenn über Seyran Ateş gesprochen oder berichtet wird, finden sich die vielfältigsten Beschreibungen. Vom Ausdruck großer Anerkennung bis zu den niedersten Anfeindungen, erst recht, seit die Rechtsanwältin im Sommer 2017 in Berlin eine liberale, für Frauen und Männer gleichermaßen offene Moschee gegründet hat und sich zur Imama ausbilden ließ. Inzwischen wird sie rund um die Uhr von der Polizei bewacht, allein nach der Eröffnung der Ibn-Rushd-Goethe-Moschee waren an die 100 Morddrohungen gegen sie ausgesprochen worden. Doch trotz aller Angriffe: Seyran Ateş, in Istanbul geboren und seit ihrem sechsten Lebensjahr in Deutschland zu Hause, erhebt unbeirrt weiter die Stimme für die Freiheit und Emanzipation, gegen Extremismus und Unterdrückung, Sie sei, so sagte sie einmal: »Eine Frau, die genau in die Nester guckt, die Schmutz enthalten. Das ist mein Job.«

Mehrere vielbeachtete Bücher hat sie geschrieben, unzählige Interviews gegeben, Vorträge und Predigten gehalten – Seyran Ateş ist wahrlich eine Frau des Wortes. Eine Stärke, die sie schon früh für sich entdeckte. In der Vorschule im Berliner Wedding als Kind einer türkischen Mutter und eines kurdischen Vaters, die als Gastarbeiter nach Deutschland gekommen waren, war sie wegen mangelnder Deutschkenntnisse noch Außenseiterin. Doch sie holte rasch auf und ging als eine der Klassenbesten aufs Gymnasium, wurde dort zur Schulsprecherin gewählt. Der Grund für diese Wertschätzung dürfte neben ihrer Eloquenz ihr ausgeprägter Sinn für Gerechtigkeit gewesen sein – ihr Lebensthema, das sie auch zum Beruf machte. »Als Jurastudentin bin ich schnell beim Grundgesetz angelangt, das ich als richtig empfinde, weil ich in unserer Verfassung die allgemeinen Menschenrechte als Werte wiederfinde, für die ich mich ganz stark einsetze.«

Neben der Uni arbeitete sie in einem Kreuzberger Frauentreff, beriet Migrantinnen, die Opfer häuslicher Gewalt geworden waren. Eine Aufgabe, die sie 1984 beinahe das Leben gekostet hätte. Während der Beratungszeit stürmte der Ehemann einer Klientin den Laden, erschoss seine Frau und verletzte die angehende Juristin schwer. Bis heute leidet sie auch physisch unter den Folgen des Verbrechens. Der Täter, obwohl von mehreren Zeugen eindeutig identifiziert, wurde später freigesprochen, wegen Mangels an Beweisen. Seyran Ateş ist damals 21 Jahre alt und beschließt: »Jetzt erst recht.«

Gut 30 Jahre später hat die inzwischen weit über Berlin hinaus bekannt gewordene Anwältin aufgrund von Drohungen gegen sie und ihre Familie zwei Mal vorübergehend ihre Kanzlei geschlossen. Radikale Muslime wollen ihr die liberale Sichtweise auf den Islam und den Kampf für die Gleichberechtigung der Geschlechter nicht zugestehen. Denn Seyran Ateş kämpft nach wie vor für die Rechte der Frauen, gegen Zwangsheirat und Kinderehen, und sie spricht sich gegen das Tragen von Burka, Niqab oder Kopftuch aus.

Neben dem erbitterten Widerstand der Männer, die um ihren Einfluss auf die Frauen fürchten, erlebt sie auch unerwartete Kritik aus dem weiblichen Lager: »Es gibt gerade hierzulande sehr tiefgehende archaische Selbstbilder – auch bei den linken deutschen feministischen Frauen – von den Weißen, die sich als große Schwestern gebärden. Sehr arrogant. Diese Frauen schimpfen über die katholische Kirche und deren rigide Sexualmoral, möchten aber unbedingt tolerieren, wenn türkische Frauen ein Kopftuch tragen, weil sie denken, dass die Frauen sich damit ihre Kultur bewahren. Aber für mich ist dieses Kopftuch nichts anderes als ein Ausdruck der Unterdrückung und Verklemmung, dass man die Frauen am liebsten verstecken möchte.«

»Können Sie sich vorstellen, wie es ist, wenn hinter Ihnen die Wohnungstür zugeschlossen und Sie in der Wohnung eingesperrt werden, um zu verhindern, dass fremde Männer Sie sehen?«

In der »Martin-Luther-King-Lecture«, einer Gedenkrede für den ermordeten Bürgerrechtler, sagte sie am 4. April 2018 in der Berliner Marienkirche:
»Ich träume von Freiheit, seit ich denken kann. Weil ich es erlebt habe, was
es bedeutet, unfrei zu sein. Niemand kann sich das vorstellen, der es nicht
selbst – wenn auch nur ansatzweise – erlebt hat. Niemand, der sich Freiheit
nicht erkämpfen musste, niemand, der zu einem selbstbestimmten Leben erzogen und von seinen Eltern und seiner Familie als vollwertiges Individuum
gefördert wurde. Können Sie sich vorstellen, wie es ist, wenn hinter Ihnen die
Wohnungstür zugeschlossen und Sie in der Wohnung eingesperrt werden,
um zu verhindern, dass fremde Männer Sie sehen?«

> »Ich fürchte, heute muss jeder Muslim und
> jede Muslimin sich die Frage gefallen
> lassen: Was tust du dagegen, dass deine
> Religion missbraucht und diskreditiert wird?«

Auch beim Gebet sieht Seyran Ateş die weibliche Hälfte der Menschheit ver-
steckt und benachteiligt. »In Mekka beten Frauen und Männer gemeinsam,
in den meisten Moscheen der Welt hingegen getrennt – wobei den Männern
der zentrale Bereich vorbehalten ist und die Frauen im hinteren Teil des
Hauptraums hinter einem Paravent bleiben oder gleich in einem Nebenraum.
Selbst in der großen Sultan-Ahmet-Moschee in Istanbul steht vor dem zen-
tralen Gebetsraum ein Schild mit einer durchgestrichenen Frau. An keinem
Ort fühle ich mich aufgrund meines Geschlechts derart diskriminiert wie aus-
gerechnet in der wunderbaren Blauen Moschee. Dabei sind Frauen und Män-
ner gleichwertig, wie man an vielen Stellen im Koran nachlesen kann.«
Nach jahrelangem Unbehagen beschließt sie, die Ungerechtigkeit anzugehen.
Gemeinsam mit einigen Mitstreiterinnen und Mitstreitern gründet Seyran
Ateş die erste liberale Moschee in Deutschland, in der alle gleichen Zugang
haben, Frauen und Männer, die unterschiedlichen Strömungen des Islam,
aber auch andere Religionen sowie Menschen jeder sexuellen Orientierung.
Benannt ist sie nach dem andalusischen Philosophen Averroës (arab. Ibn

Rushd) und dem deutschen Dichter und Islamkenner JohannWolfgang von Goethe. Gleich das erste Freitagsgebet leiten eine Predigerin und ein Prediger gemeinsam.

Es ist ein Projekt, das nicht nur in Deutschland für Furore sorgt. Die »Washington Post« nennt es eine »feministische Revolution des muslimischen Glaubens«. Die türkische Religionsbehörde aber erklärt empört, hier werde versucht, die Religion »zu untergraben und zu zerstören«, türkische Medien rücken die Initiative in die Nähe der Gülen-Bewegung, die in der Türkei als Terrornetzwerk gebrandmarkt wird. In den sozialen Netzwerken toben die Konservativen, Fanatiker überziehen sie mit Hass und Obszönitäten – es ist ein hoher Preis, den Seyran Ateş für ihr Engagement bezahlen muss. Doch die Anwältin will Kurs halten: »Die neue Moschee in Berlin soll eine spirituelle Heimat sein vor allem für jene Frauen und Männer, die sich in traditionellen Moscheen nicht wohlfühlen und die sich nicht mehr vorschreiben lassen wollen, wie sie ihre Religion zu leben haben. Toleranz, Gewaltfreiheit und Geschlechtergerechtigkeit sollen im Vordergrund stehen.«

Ob Bundesverdienstkreuz oder Menschenrechtspreise, für ihr Engagement wird Seyran Ateş immer wieder ausgezeichnet. Ihren Kritikern aus dem Ausland hält die Bundesregierung entgegen, Angriffe auf die Religionsfreiheit in Deutschland werde man nicht dulden. Mit anderen prominenten Muslimen wie den Schriftstellern Navid Kermani und Feridun Zaimoglu wird sie zur Islamkonferenz gebeten, wo sie sich für einen »zeitgemäßen Islam« einsetzt: »Weil es letztlich verantwortungslos ist, dass man als fortschrittlicher Muslim auf die konservativen Verbände schimpft, ihnen aber die religiöse Erziehung der Kinder und Jugendlichen überlässt, statt selbst aktiv zu werden.«

Ihre Rede zu Ehren von Martin Luther King beendete sie trotz aller Anfeindungen und Drohungen hoffnungsfroh: »Freiheit ist etwas, was nicht nur auf dem Papier stehen kann. Freiheit muss man leben dürfen. Ich fühle mich frei. Weil ich mir die Freiheit nehme, Dinge auszusprechen und mich für Freiheit einzusetzen. Wohlwissend, dass wir noch einen weiten Weg vor uns haben.«

»Mein Leben ist nicht dein Porno!«

Aufschrei gegen die Voyeure von Seoul: Es war eine der größten Frauendemos, die jemals in Südkorea stattfanden. Zehntausende wütende Frauen legten im Juli 2018 den Verkehr in Seoul lahm, um gegen männliche Voyeure zu protestieren. Die filmen mit Kleinstkameras Frauen unter den Rock und stellen die Sequenzen dann ins Netz. »Molka«, wie das widerliche Gebahren dort genannt wird, ist zum allgegenwärtigen Problem geworden, mehr als 20.000 Fälle wurden 2017 angezeigt.

Jane Goodall

* 3. April 1934

W enn »Dr. Jane«, wie ihre Anhänger sie so respekt- wie liebevoll nennen, eine ihrer zahlreichen Ansprachen mit dem typischen Ruf der Schimpansen »Ooh, ooh, ooh, oohh, oohhh« beginnt, sind ihr Aufmerksamkeit und Sympathie sicher. Seit bald 60 Jahren erforscht die Wissenschaftlerin mit großer Leidenschaft diese Affenart, ihr Verhalten und die Ähnlichkeit zum Menschen. Doch ihr Engagement gilt längst nicht mehr nur dem Wohl der Schimpansen. Jane Goodall geht es um nichts Geringeres als die Rettung der Erde, wie sie am 5. Juni 2007 in ihrer aufrüttelnden Rede bei einer TED-Innovations-Konferenz im afrikanischen Tansania klarmacht. »Was tun wir unserem Planeten an? Der berühmte Wissenschaftler E.O. Wilson sagte, wenn jeder Mensch auf diesem Planeten den Lebensstandard des durchschnittlichen Europäers oder Amerikaners erreichte, würden wir drei neue Planeten brauchen. Heute sprechen wir sogar von vier. Aber wir haben die nicht. Wir haben einen. Und was ist passiert? Ich meine, die Frage ist doch, hier sind wir, wohl die intelligentesten Lebewesen, die es auf dem Planeten Erde gibt, mit diesem außergewöhnlichen Gehirn … Und doch zerstören wir die einzige Heimat, die wir haben.«

Profitgier und Egoismus vernichten nach und nach die Lebensgrundlagen aller, so lautet ihre Anklage. »Rund um die Welt haben die indigenen Völker vor wichtigen Entscheidungen zusammengesessen und sich gefragt: Wie wird sich diese Entscheidung sieben Generationen später auf unser Volk auswirken? Grundlegende Entscheidungen heute – und ich spreche hier nicht speziell über Afrika, sondern über die entwickelte Welt –, grundlegende Entscheidungen, die Millionen Dollar kosten und Millionen Menschen betreffen, basieren oft auf: Wie wird das die nächste Aktionärssitzung beeinflussen? Und diese Entscheidungen wirken sich auf Afrika aus.«

Diesem Kontinent, auf dem die gebürtige Engländerin einen beträchtlichen Teil ihres Lebens verbracht hat, gilt ihre große Sorge. Seit 1960 hatte Jane Goodall hier das Leben der Schimpansen studiert und den Blick der Wissenschaft auf die nächsten Verwandten der Menschen entscheidend verändert. Neben der umwälzenden Erkenntnis, dass sie Werkzeuge einsetzen, gehen weitere Beobachtungen auf die Zoologin zurück: So wie wir pflegen die Affen Freundschaften oder führen Kriege. So wie wir ist jeder von ihnen eine eigene Persönlichkeit mit Verstand und Gefühlen. Doch als sich Goodall 1986 mit der sinkenden Population ihrer Tiere auseinandersetzte, entdeckte sie ein neues Lebensthema, an dem sie auch mit über 80 Jahren noch beharrlich arbeitet.

»Jeder Einzelne von uns kann etwas anders machen, an jedem einzelnen Tag. Wir haben eine Wahl.«

Ihren ersten Gedanken über einen verbesserten Lebensraum für die Schimpansen folgten schnell Überlegungen für einen verträglichen Tourismus in Afrika und ein Entwicklungsprogramm für die Bevölkerung mit Gesundheitsversorgung, Familienplanung, Schulen, Mikrokrediten für Frauen. In weit mehr als 100 Ländern wurde die von ihr initiierte Non-Profit-Organisation »Roots & Shoots«, Wurzeln und Sprösslinge, bisher aktiv, ein Programm, mit dem die dreifache Großmutter Kinder und Jugendliche in aller Welt für einen achtsamen Umgang mit anderen Menschen, mit Tieren und der Umwelt begeistert. Jedes Projekt, das die Mädchen und Jungen selbst entwickeln, besteht dann aus drei Schritten. Im ersten unterstützen sie einen Menschen aus ihrer Nachbarschaft, im zweiten helfen sie Tieren, im dritten geht es um den Schutz der Natur. »Damit verwoben ist die Botschaft, zu lernen, mit sich selbst in Frieden und Harmonie zu leben und mit unseren Familien, unserer Gemeinschaft, zwischen Staaten, zwischen Kulturen, zwischen Religionen und zwischen uns und der Natur. Wir brauchen die Natur.« Die wichtigste Botschaft, so Jane Goodall in ihrer Rede in Tansania: »Wir können wählen, was wir anders machen wollen. Die ganz Armen haben keine Wahl. Es liegt an uns, die Dinge so zu verändern, dass auch die Armen eine Wahl haben.« Mit deutlichen Worten prangert sie die Verursacher der schlimmsten Umweltsünden an, wie etwa die mächtigen Konzerne der Agrarchemie: »Pestizide sind Gifte, deren fatale Wirkung hinlänglich bewiesen ist. Aber die Lobbyisten und Anwälte von Monsanto sind Meister der Verschleierung und Verdrehung der Wahrheiten. Sollten wir es tatsächlich schaffen, die Welt zu retten, werden wir eines Tages kopfschüttelnd fragen, wie wir je auf die Idee gekommen sind, Lebensmittel zu erzeugen, indem wir sie in Gift ertränken.« Zusammenschlüsse von Unternehmen wie Monsanto und Bayer müssten verhindert werden, erklärt sie in einem Interview, denn: »Da finden die zusammen, die für all die Probleme verantwortlich sind. Ich hoffe, wir kommen an einen Punkt, dass wir solche Konzerne und ihre Manager verklagen für das, was sie der Umwelt antun.«

> **»Entscheidend ist, dass wir Tiere nicht mehr als Automaten sehen – sondern als kluge und empfindsame Individuen.«**

Im Jahr 2002 wurde »Dr. Jane«, die nie regulär studiert hat, aber dennoch in Oxford ihren Doktor machen konnte, später an mehreren Universitäten lehrte und Bücher schrieb, Friedensbotschafterin der UNO. Sie erhielt zahllose Preise, wurde zur Offizierin der französischen Ehrenlegion ernannt und von der Queen zur »Dame Commander« geadelt. Vor Jahren schon forderte die überzeugte Vegetarierin das Nobelpreiskomitee auf, einen Preis für Alternativen zu Tierversuchen zu schaffen, die sie Folter nennt. Sie plädiert für biologische Landwirtschaft und für Nachhaltigkeit, ein Prinzip, das der Mensch aus den Augen verloren habe, das aber sogar Affen verstünden und beherzigten: »Von einem Baum voller Früchte pflücken sie nur diejenigen, die reif sind. Die anderen lassen sie hängen. Das ist nichts anderes als Nachhaltigkeit.« Nie ist sie länger als wenige Wochen am selben Ort, ihre Mission und ihre Energie treiben sie von einem Punkt der Erde zum anderen, von einem Vortrag zum nächsten. So verkörpern ihr Gesicht und ihre Stimme seit Jahrzehnten die Forderung nach einem friedlichen Zusammenleben aller Spezies und nach Naturschutz. Den Kindern, die sie bei ihren Auftritten umschwärmen, ruft die Prophetin einer besseren Welt optimistisch zu: »Ihr könnt die Welt retten. Jeder Einzelne von euch!«

Waltraud Schoppe

* 27. Juni 1942

D as Wort hat die Abgeordnete Frau Schoppe.« Nicht nur Bundes-
tagspräsident Rainer Barzel von der CDU war gespannt, was es
mit der Kollegin Schoppe auf sich haben würde. Es war die erste
Rede der Grünen-Abgeordneten im Bundestag, die wenig später als Teil eines
»Feminats« agieren würde, wie das rein weiblich besetzte Trio der Fraktions-
sprecherinnen bezeichnet wurde. Eine Fraktionsführung in Frauenhand, so
etwas kannte der Bonner Politikbetrieb bis dato nicht.

Fünf Wochen zuvor, am 29. März 1983, waren die Grünen, erwachsen aus
der Friedens-, Anti-Atomkraft-, Öko- und Frauenbewegung, erstmals in den
Bundestag eingezogen – und mit den 28 Abgeordneten einige Sonnenblumen
und dürre kleine Tannenzweige in Blumentöpfen, Letztere ein Hinweis auf
das damals viel diskutierte Waldsterben. Nicht nur inhaltlich, auch äußerlich
brachen die Grünen mit den Konventionen.

»Mal Sachen sagen und tun, die hier noch keiner gesagt und getan hat …«

Dicke Strickpullover, lange Bärte, Sandalen, Schlabberkleider, für die Mandats-
träger vor allem der konservativen Parteien waren die meisten der Neulinge
schon rein optisch eine Zumutung. Und auch rhetorisch werde man sich deut-
lich abheben, hatte Waltraud Schoppe in aller Frische angekündigt, sie wolle
»mal Sachen sagen und tun, die hier noch keiner gesagt und getan hat«. Gegen
Abend des 5. Mai 1983 ist es dann so weit: Dort, wo bevorzugt mittelalte Herren in Schlips und grauem Anzug Politik verkünden, steht nun eine Rothaa-
rige mit Lockenmähne und bringt das deutsche Parlament in Wallung.

Waltraud Schoppe, gebürtig aus Bremen, 40-jährige Lehrerin für Deutsch und Geschichte, verheiratet, zwei Söhne, gilt als Reala dem pragmatischen realpolitischen Flügel der Partei verhaftet und sollte in den 1990er-Jahren noch niedersächsische Frauenministerin unter Gerhard Schröder werden. Der schmähte Frauenpolitik zwar als »Gedöns«, beschreibt seine Ministerin aber als »ehrlich, klug, kompetent«.

»Wir fordern Sie auf, endlich zur Kenntnis zu nehmen, dass auch die Frauen ein Selbstbestimmungsrecht über ihren Körper und ihr Leben haben.«

Nun geht es erst einmal um ihre Antwort auf Helmut Kohls Regierungserklärung und die Debatte um den Abtreibungsparagrafen 218, dessen ersatzlose Streichung die Rednerin fordert: »Dieser Paragraf hat Frauen, die in Not geraten sind, gedemütigt und hat sie der Willkür männlicher Fachleute ausgesetzt.« Schließlich kommt Schoppe auf ein weiteres Anliegen ihrer Fraktion zu sprechen: Sie will die Vergewaltigung in der Ehe unter Strafe stellen. »Wir fordern Sie auf, endlich zur Kenntnis zu nehmen, dass auch die Frauen ein Selbstbestimmungsrecht über ihren Körper und ihr Leben haben.«
Ob sie schon beim Gang zum Pult eine Ahnung davon hatte, was auf sie zukommen würde? Gleich nach der Begrüßung sagt sie jedenfalls: »Sie müssen noch an sich arbeiten, meine Herren, damit die Würde dieses Hauses nicht ganz auf den Hund kommt.« Und tatsächlich, als sie es wagt, nicht nur über Schwangerschaft, sondern auch über Beischlaf und Penetration zu sprechen, geht es rund im Deutschen Bundestag.
Dabei ist ihr Satz von der »Einheitsmoral«, die dazu geführt habe, »dass sich Menschen abends hinlegen und vor dem Einschlafen eine Einheitsübung vollführen, wobei der Mann meist eine fahrlässige Penetration durchführt, fahrlässig, weil die meisten Männer keine Maßnahmen zur Schwangerschaftsverhütung ergreifen«, erst der Anfang. Wütende Zwischenrufe ignorierend, sagt sie dann noch: »Wir fordern Sie alle auf, den alltäglichen Sexismus hier im Parlament einzustellen.« Da kocht die Stimmung in der Riege von CDU, CSU

und FDP endgültig über. Den Tumult aus Gelächter, Geschrei und Gefuchtel kontert Schoppe kühl:»Ich merke, dass ich das Richtige gesagt habe; Sie sind getroffen.« Ein Satz, der in die Parlamentsgeschichte eingehen wird. Am Tag danach wird die linksalternative »taz« schreiben, in »Minutenschnelle« hätten sich »würdevolle Abgeordnete zu einem johlenden, grölenden Männermob« verwandelt. Andere wollen gar das Wort von der »Hexe« gehört haben. Doch die Rednerin ist noch längst nicht am Ende.»Anstatt die Frauen mit der Verschärfung des Paragrafen 218 unter Druck zu setzen, sollte einmal darüber nachgedacht werden, wie Schwangerschaftsverhütung betrieben werden könnte. Eine wirkliche Wende wäre es, wenn hier oben zum Beispiel ein Kanzler stehen und die Menschen darauf hinweisen würde, dass es Formen des Liebesspiels gibt, die lustvoll sind und die die Möglichkeit einer Schwangerschaft gänzlich ausschließen. – Aber man kann natürlich nur über das reden, wovon man wenigstens ein bisschen versteht.«

Die Reaktionen waren hochemotional und fielen je nach Temperament beleidigt oder wütend aus. Bundeskanzler Helmut Kohl würdigte die Aufforderung zur Aufklärung leider mit keiner Antwort, der FDP-Mann Detlef Kleinert rechtfertigte eingeschnappt:»Wir sind nicht halb so verklemmt, wie das eben klang.« Und während der SPD-Abgeordnete Franz Müntefering später zugab,»Wir saßen da und waren echt befangen«, bekannte sein Kollege Peter Conradi:»Einige von uns waren entsetzt.« Die Grünen allerdings waren begeistert, das Protokoll vermerkt an mehreren Stellen Beifall. Marieluise Beck bescheinigte Schoppe später, deren Rede habe insgesamt die »Liberalisierung der Rolle der Frau« enorm vorangetrieben.

Die Rednerin, Gründungsmitglied der Partei, schied zwei Jahre später aus dem Bundestag aus. 1987 kehrte sie nach Bonn zurück, 1990, als die Grünen es nicht mehr in den Bundestag schafften, wechselte sie für vier Jahre nach Hannover an die Spitze des Frauenministeriums. Dass sie Mütterzentren einrichtete und Frauen den Wiedereinstieg in den Beruf erleichtern wollte (was voraussetzte, dass diese zuvor ausgestiegen waren), brachte sie in Konflikt mit dem streng feministischen Lager – was Schoppe wiederum als »Luftblasenfeminismus« abtat. Sie sei nicht der »verlängerte Arm der autonomen Frauen.«

Nach der Bundestagswahl 1994 ging sie wieder ins Parlament. 1998 dann, als die Grünen zum ersten Mal in einer Bundesregierung angekommen waren, meldete sie sich komplett aus dem politischen und öffentlichen Leben ab. Gesundheitliche Gründe hätten sie zum Rückzug gezwungen. »Das hat mir sehr leidgetan, weil ich begeistert Politik gemacht habe.« Ein Gesetz gegen Vergewaltigung in der Ehe kam erst 1997, über ein Jahrzehnt nach ihrem fulminanten Vortrag, zustande. Parteiübergreifend hatten die Frauen im Parlament erreicht, dass nicht nur der Fraktionszwang ausgesetzt wurde und jede Abgeordnete nach ihrem Gewissen abstimmen konnte. Gestrichen wurde auch eine Widerspruchsklausel, nach der vergewaltigte Ehefrauen die Strafverfolgung gegen ihren Mann hätten stoppen können. Bis dahin hieß es, man könne nicht ahnden, wofür es naturgemäß keine Zeugen gebe. In Wahrheit aber war der männliche Allgemeinkonsens, dass eine Frau in der Ehe ihre Pflichten zu erfüllen habe und wie die aussehen würden, entscheide nun mal der Mann. 2016 erreichten es die Parlamentarierinnen, dass die Aussage »Nein heißt Nein« ihren Niederschlag im Sexualstrafrecht fand. Eine Vergewaltigung kann seitdem auch dann angezeigt werden, wenn der Täter keine Gewalt anwendet. Die Streichung des Abtreibungsparagrafen haben Frauenrechtlerinnen in den folgenden Jahrzehnten nicht erreicht. Über die Notwendigkeit, Sexismus, Belästigung und Übergriffe am Arbeitsplatz zu bekämpfen, herrscht spätestens seit der #MeToo-Debatte zumindest offiziell Einigkeit. Doch das war 35 Jahre, nachdem die »Kollegin Schoppe« das Wort ergriffen hatte.

Eine Rede über Sex und Sinnlichkeit gab es im deutschen Parlament nie wieder.

Flagge zeigen gegen den Kopftuch-Zwang

Aufrecht steht sie an der Straße der Revolution in Irans Hauptstadt Teheran auf einem Verteilerkasten und schwenkt an einem Stock ihr weißes Kopftuch. Es war im Dezember 2017, es war Vida Movaheds Protest gegen den Zwang, ihr Haar verhüllen zu müssen. Und sie wusste, was sie damit riskierte. Kurz nach ihrem stummen Protest verschwand die nun weltberühmte Aktivistin im Gefängnis. Zwar wurde sie wenige Wochen später freigelassen, doch laut ihrer Anwältin hat ihr die Haft so zugesetzt, dass sie nicht mehr öffentlich auftreten werde.

Enriqueta Estela Barnes de Carlotto

* 22. Oktober 1930

A ls sie 80 Jahre alt wurde, hatte sie einen einzigen Wunsch: »Ich habe Gott gebeten, dass er mich nicht sterben lässt, bevor ich meinen Enkelsohn gefunden habe.« Seit mehr als drei Jahrzehnten war Estela de Carlotto da bereits auf der Suche nach dem Kind ihrer Tochter Laura, von dem sie nur ahnte, wann es geboren sein und wie sein Vorname lauten könnte – Guido, nach dem Großvater. Als ihr sehnlichster Wunsch vier Jahre später, am 5. August 2014, überraschend erfüllt wurde, war dies überall in Argentinien die Topnachricht: »Heute haben sie mir gesagt, er ist es mit großer Sicherheit, zu 99,99 Prozent.«

> »Ich habe Gott gebeten, dass er mich nicht sterben lässt, bevor ich meinen Enkelsohn gefunden habe.«

Guido, der inzwischen Ignazio Hurban hieß, war einer von etwa 30.000 Verschwundenen, den »Desaparecidos«, wie Opfer der Militärdiktatur in Argentinien genannt werden. Die Junta hatte zwischen 1976 und 1983 ein rechtsgerichtetes Schreckensregime installiert und Zehntausende Oppositionelle entführt, gefoltert, ermordet. Dass die 22-jährige Laura de Carlotto einen Jungen geboren und ihn Guido genannt hatte, berichtete später ein freigekommener Mitgefangener der Familie. Von Lauras Tod erfuhr sie ein Jahr nach ihrem Verschwinden, im Spätsommer 1978. Da schickten die Mörder die Leiche der jungen Frau, mit zertrümmertem Gesicht und durchschossenem Magen.

»Wir Angehörigen von Entführten, die dann später ›Desaparecidos‹ genannt wurden, wussten zunächst nicht, was wir tun sollten. Wir hatten Angst. Und wir hatten ja weiterhin unsere Familien zu versorgen. Aber wir waren bereit, uns auf die Suche zu machen. Wir blieben nicht ruhig. Wir hörten auf zu arbeiten, schlugen stattdessen an die Türen und fragten, wo unsere Kinder sind. Ohne Antworten zu bekommen«, berichtet die 86-jährige Estela de Carlotto am 28. Mai 2016 dem Bayerischen Rundfunk. Obwohl sie ihr Ziel erreicht hat, ist sie immer noch Teil der »Abuelas de Plaza de Mayo«, der »Großmütter der Plaza de Mayo«. Zu Hunderten gehen Frauen, die ihre Enkel vermissen, seit 1976 in Buenos Aires regelmäßig auf den Platz vor dem Präsidentenpalast. Mit beredtem Schweigen und einem weißen Kopftuch als Zeichen der Trauer drehen sie ihre Kreise, in den Händen Plakate und Fotos ihrer Lieben. 1978 war Estela de Carlotto zu ihnen gestoßen, seit 1989 ist sie die Präsidentin der Organisation. Die Frauen suchen weiter nach ihren Angehörigen, Guido war der 114. Enkel, den die Großmütter gefunden haben, Hunderte werden noch vermisst.

Zwangsadoptionen waren ein besonders perfider Teil der argentinischen Diktatur. Folter und bestialische Morde stellten für die Machthaber kein Problem dar, doch den Tod ungeborener Kinder mochten sie als angeblich gute Christen nicht verantworten. Wenige Stunden nach den Geburten, die meist unter grausamen Bedingungen stattfanden – die Frauen waren gefesselt und hatten die Augen verbunden –, wurden die Babys in fremde Hände übergeben. Mindestens 500 solcher Adoptionen werden vermutet. Ein System, das aus den unterschiedlichsten Motiven in diversen Ländern praktiziert wurde. So auch bei den Nationalsozialisten und in der DDR, wo man Kinder aus rassischen beziehungsweise politischen Gründen aus ihren Familien nahm. Im Frühjahr 2018 demonstrierten Betroffene in Berlin für die Klärung von etwa 400 Fällen. Staaten wie die USA, Kanada und Australien wiederum hatten in der Vergangenheit Kinder aus indigenen Familien in weiße Pflegefamilien oder Heime gezwungen, um ihnen dort die kolonialen Werte einzuimpfen.

In keinem Staat wurde energischer und leidenschaftlicher darum gekämpft, das Unrecht rückgängig zu machen, als in Argentinien. Doch auch dies bedeutet neue Verletzungen – vor allem bei den Enkeln, von denen sich die meisten ein Leben lang in ihrer leiblichen Familie wähnten. Estela de Carlotto und die Ihren hatten Glück. Guido wurde von einem Militär an eine Bauernfamilie gegeben, gutherzige Leute, die wohl nicht ahnten, woher das Baby wirklich stammte. Doch eine Nachbarin wusste von Guidos Adoption und informierte seine Frau. Und so ließ er seine Herkunft mittels einer nationalen Datenbank klären, die die Großmütter schon 1987 initiiert hatten.

Er nahm anschließend die Nachnamen seiner leiblichen Eltern an, Montoya Carlotto, behielt seinen neuen Vornamen Ignazio, ebenso sein liebevolles Verhältnis zu den Adoptiveltern und gewann im Alter von 36 Jahren und als etablierter Jazzmusiker zwei große Familien hinzu: die seiner biologischen Eltern. Selten geht es jedoch so gut aus, wie Estela de Carlotto berichtet: »Man hat Angst vor dem Unbekannten. Manche haben deshalb gesagt: ›Ich will es nicht wissen, ich will es nicht wissen.‹ Aber es geht hier um Verbrechen gegen die Menschlichkeit, die nicht verjähren, und deshalb gibt es eine Verpflichtung. Wenn wir eine Anzeige bekommen, sind wir verpflichtet, ihr nachzugehen. Wenn die Person, um die es geht, die also eines der gesuchten Enkelkinder sein könnte, nicht will, erinnern wir sie an das Gesetz. Denn sie trägt in ihrem Körper den Beweis für dieses Verbrechen, dass sie geraubt wurde und dass ihre Eltern umgebracht wurden. Diejenigen, die sich weigern, besuchen wir mit einem Team von eigens dafür ausgebildeten Experten, sprechen mit ihnen, erklären ihnen, dass sie Kinder von Verschwundenen sein könnten. Das machen wir ein oder zwei Mal. Dann, beim dritten oder vierten Mal, wird die Justiz eingeschaltet. Wer dann immer noch nicht Folge leistet, bei dem wird das Erscheinen und eine Blutentnahme angeordnet. Das muss er dann akzeptieren.«

Fünfmal wurden die »Abuelas« für den Friedensnobelpreis vorgeschlagen, Estela de Carlotto erhielt den Menschenrechtspreis der Vereinten Nationen, 1990 wurde sie in die französische Ehrenlegion aufgenommen. Und sie macht weiter. »Wir haben die Trauer für immer tief in uns versenkt, aber wir sind in der Lage, unsere Leistung anzuerkennen. Jedes Enkelkind, das wir finden, gibt irgendjemandem, der wie ein Sklave lebte, Frieden … Aber vor allem ist es ein Triumph der Wahrheit über die Lügen. Und der Triumph des Lebens über den Tod.« Am Grab habe sie ihrer Tochter versprochen, den kleinen Guido zu finden: »Laura kann nun in Frieden ruhen. Ich fühlte, dass Laura zu mir sagte: ›Mutter, Mission erfüllt.‹ Aber es gibt noch so viel zu tun. Ich werde weiter nach den anderen Vermissten suchen.«

Hillary Clinton
»Menschenrechte sind Frauenrechte«

(…) Auf der ganzen Welt lernen wir, wenn Frauen gesund und gut ausgebildet sind, wird es ihren Familien gut gehen. Wenn Frauen frei von Gewalt sind, wird es ihren Familien gut gehen. Wenn Frauen eine Chance haben, zu arbeiten und als vollwertige und gleichberechtigte Partner in einer Gesellschaft Geld zu verdienen, wird es ihren Familien gut gehen. Und wenn es den Familien gut geht, wird es den Gemeinden und Nationen gut gehen.

(…) Frauen machen mehr als die Hälfte der Weltbevölkerung aus. 70 Prozent der Armen der Welt und zwei Drittel derjenigen, die weder lesen noch schreiben können, sind Frauen. Es sind vornehmlich Frauen, die die Kinder und älteren Menschen der Welt versorgen. Dennoch wird ein Großteil der von uns geleisteten Arbeit nicht gewürdigt – weder von den Wirtschaftswissenschaftlern, den Historikern, der Kultur noch von den Regierungsvertretern.

In diesem Augenblick, während wir hier sitzen, bringen Frauen überall Kinder auf die Welt, erziehen sie, kochen Mahlzeiten, waschen, putzen, säen, arbeiten am Fließband, führen Unternehmen und sind Staatsoberhäupter. Frauen sterben an Krankheiten, denen man hätte vorbeugen oder die man hätte behandeln sollen; sie müssen zusehen, wie ihre Kinder an von Armut und wirtschaftlicher Not verursachter Unterernährung sterben; ihre eigenen Väter und Brüder verweigern ihnen das Recht auf Schulbesuch; sie werden zur Prostitution gezwungen und dürfen nicht an die Wahlurnen oder den Bankschalter gehen. Diejenigen von uns, die hier sein können, haben die Pflicht, im Namen derjenigen zu sprechen, die nicht kommen konnten. Tragischerweise sind es meistens die Frauen, deren Menschenrechte verletzt werden.

(…) Es ist eine Verletzung der Menschenrechte, wenn Babys nicht gefüttert, ertränkt oder erstickt werden, ihr Rückgrat gebrochen wird, nur weil sie als Mädchen geboren wurden.

Es ist eine Verletzung der Menschenrechte, wenn Frauen und Mädchen in die Sklaverei der Prostitution verkauft werden.

Es ist eine Verletzung der Menschenrechte, wenn Frauen mit Benzin übergossen, angezündet und verbrannt werden, weil ihre Mitgift als zu gering erachtet wird.

Es ist eine Verletzung der Menschenrechte, wenn Frauen einzeln oder zu Tausenden systematisch als Taktik oder Preis des Krieges vergewaltigt werden.

Es ist eine Verletzung der Menschenrechte, wenn die Haupttodesursache bei Frauen zwischen 14 und 44 Jahren die Gewalt in ihren eigenen vier Wänden ist.

Es ist eine Verletzung der Menschenrechte, wenn Mädchen der schmerzhaften und entwürdigenden Praxis der Verstümmelung ihrer Genitalien unterworfen werden.

Es ist eine Verletzung der Menschenrechte, wenn Frauen das Recht auf Familienplanung verweigert wird, und das schließt erzwungene Abtreibungen oder Sterilisationen ein.

Wenn diese Konferenz eine Botschaft übermitteln kann, dann ist es die: Menschenrechte sind Frauenrechte. Und Frauenrechte sind Menschenrechte.

Wir dürfen nicht vergessen, dass dazu auch das Recht auf freie Meinungsäußerung gehört. Und das Recht darauf, gehört zu werden.

Frauen müssen das Recht auf umfassende Beteiligung am sozialen und politischen Leben ihrer Länder haben, wenn Freiheit und Demokratie auf Dauer Bestand haben sollen.

(…) Solange Diskriminierung und Ungleichheit weltweit an der Tagesordnung sind – solange Mädchen und Frauen geringer geschätzt, schlechter und zuletzt ernährt, überarbeitet, unterbezahlt, nicht ausgebildet und Gewalt im eigenen Heim unterworfen sind – kann das Potential der Menschheit zur Schaffung einer friedlichen, prosperierenden Welt nicht voll entfaltet werden. Diese Konferenz soll uns – und die Welt – zum Handeln auffordern.

Und wir wollen dieser Aufforderung Beachtung schenken, damit wir eine Welt schaffen können, in der jede Frau mit Respekt und Würde behandelt wird, jeder Junge und jedes Mädchen gleich behandelt und geliebt werden, jede Familie Hoffnung auf eine gute und sichere Zukunft hat.

Hillary Clinton,   * 26.10.1947

»Menschenrechte sind Frauenrechte«,
Rede zur 4. Weltfrauenkonferenz in Peking, 5.9.1995

#NEXT
GENERATION . . .

Chimamanda Ngozi Adichie

* 15. September 1977

A ls sie zum ersten Mal eine Feministin genannt wurde, war Chimamanda Ngozi Adichie 14 Jahre alt und wusste nicht genau, was das Wort bedeuten sollte. Doch was sie am Tonfall des Freundes, mit dem sie sich gerade ein wenig gestritten hatte, auf jeden Fall erkennen konnte: »Feministin« war keinesfalls als Kompliment gemeint.

»We should all be Feminists.«

Als sie ihre erste große Rede als Feministin hält, ist Chimamanda Ngozi Adichie 35 Jahre alt, und ihr Vortrag wird im Netz schon nach kurzer Zeit millionenfach aufgerufen und geteilt. Doch das reicht Adichie keineswegs – eigentlich will sie, dass der Begriff »Feministin« überflüssig wird. »Für mich ist Feminismus eine Bewegung, deren Ziel es ist, dass man sie nicht länger braucht.« Bis es so weit ist, sollten wir alle Feministinnen und Feministen sein, das ist ihre Überzeugung, mit der sie 2012 nicht nur ihren Vortrag betitelt, sondern auch dem Feminismus einen neuen Slogan gegeben hat: »We should all be Feminists.«
Sie war eingeladen worden, auf der TEDxEuston-Konferenz in London zu reden, die sich als einer der Ableger des bekannten kalifornischen TED-Forums auf den afrikanischen Kontinent und seine Diaspora fokussiert. Während es in Deutschland bald chic werden sollte, öffentlich zu erklären, als Frau ekele einen der Feminismus an, hatte Adichie beschlossen, »über Feminismus zu reden, weil ich dazu klare Ansichten habe. Ich nahm an, das Thema sei nicht sehr populär, hoffte jedoch, eine notwendige Diskussion

anzustoßen.« Nicht nur das ist ihr gelungen – die weltweit gefeierte Autorin und intellektuelle Brückenbauerin zwischen Afrika und ihrer Zweit-Heimat USA schaffte es außerdem, eine bis dahin nicht gekannte Komplizenschaft zu formen – aus global verstandenem Feminismus, amerikanischer Popkultur und Pariser Mode, eine Allianz aus Geist und Glamour.

Chimamanda Ngozi Adichie hatte das Wort ergriffen. Und zwar speziell das Wort des »Feminismus«, um ihm einen positiven Beiklang zu verschaffen. Immer wieder hätte man ihr geraten, sich nicht Feministin zu nennen, weil dies nicht zur afrikanischen Kultur gehöre, weil sie so keinen Mann finden würde, weil es bedeute, dass sie unglücklich sei und Männer hasse. Adichie zog ihre eigenen Schlüsse. »Irgendwann war ich eine glückliche, afrikanische Feministin, die Männer nicht hasst und Lippenstift und hohe Absätze zum eigenen Vergnügen und nicht zum Vergnügen der Männer trägt.«

»Wir sagen zu den Mädchen: Du darfst ehrgeizig sein, aber nicht zu sehr. Du solltest erfolgreich sein, aber nicht zu erfolgreich, sonst stellst du eine Bedrohung für die Männer dar.«

Zwar sprach Adichie in ihrer Rede dem Forum gemäß vornehmlich über das Leben als Frau in Nigeria, über Verhaltensmuster und Erziehung dort – aber auch über Erfahrungen, die sie ganz ähnlich später in den USA gemacht hatte. So sei ihr an vielen ihrer amerikanischen Freundinnen aufgefallen, wie sehr »ihnen daran liegt, gemocht zu werden. Sie wurden zu dem Glauben erzogen, dass es sehr wichtig ist, liebenswürdig zu sein, und dieser liebenswürdige Wesenszug etwas Besonderes ist. Und dieses Besondere ist unvereinbar damit, seinem Ärger Luft zu machen oder aggressiv zu sein oder zu laut zu widersprechen. Wir verbringen viel Zeit damit, Mädchen einzureden, dass sie danach streben sollen, den Jungen zu gefallen. Umgekehrt ist das nicht der Fall. Wir bringen Jungen nicht bei, liebenswürdig zu sein. Wir raten Mädchen viel zu oft, dass sie nicht zornig oder aggressiv oder hart sein dürfen, was schon schlimm genug ist, aber dann drehen wir uns um und loben oder entschuldigen einen Jungen für genau diese Eigenschaften. Auf der ganzen Welt werden Artikel und Bücher geschrieben, die Frauen erklären, was sie tun, wie sie sein oder nicht sein sollen, damit Männer sich zu ihnen hingezogen fühlen und sie attraktiv finden. Es gibt wesentlich weniger Ratgeber, die Männern Tipps geben, wie sie Frauen gefallen ... So wie wir sie erziehen, leisten wir unseren Söhnen einen Bärendienst. Wir ersticken ihre Männlichkeit. Wir definieren Männlichkeit in einem sehr engen Sinn. Männlichkeit ist ein eiserner kleiner Käfig, in den wir unsere Jungen sperren ... Und den Mädchen leisten wir einen noch viel größeren Bärendienst, indem wir ihnen beibringen, dem fragilen Ego der Männer zu Diensten zu sein. Wir bringen den Mädchen bei, zu schrumpfen, sich kleiner zu machen. Das Problem mit den Geschlechterrollen ist, dass sie uns vorschreiben, wie wir sein sollen, statt anzuerkennen, wie wir sind.«

Es waren diese Sätze von Ehrgeiz und Erfolg, die US-Sängerin Beyoncé ein Jahr später in den Song »Flawless« einbaute und Adichies Gedanken damit eine völlig neue Plattform gab. Als der Titel ihres Vortrags dann im Herbst 2016 auf den Pariser Modenschauen auftauchte und die T-Shirts des französischen Haute-Couture-Hauses Dior schmückte, war »We should all be Feminists« auch in jenen Köpfen angelangt, denen Feminismus nicht zu jeder Zeit nachgesagt wurde. Adichie musste sich zwar gegen Angriffe wehren, sie schade der Sache des Feminismus, doch sie konterte energisch. »Deine Liebe zur Mode kann ganz einfach nur deine Liebe zur Mode sein.« Und dennoch könne man »weiterhin ernsthaft schreiben und lesen, weiterdrängen und weiter wachsen«. Sie habe Maria Grazia Chiuri, die als erste Frau in der Geschichte des Hauses Dior dessen Designabteilung vorsteht, für ihren Clou mit den T-Shirts applaudiert, »weil unsere Welt immer noch so ist, dass Feministin traurigerweise ein umstrittenes Wort ist und die Idee dahinter umstritten ist, und sie eine mutige und ernsthafte Haltung dazu eingenommen hat.«

An Courage hat es der Tochter eines Mathematik-Professors und einer Uni-Angestellten aus dem nigerianischen Enugu im Süden des Landes nicht gefehlt. Mit 19 Jahren war sie in die USA gegangen, wo sie Kommunikations- und Politikwissenschaften sowie Afrikanistik studierte, heute lebt sie mit Mann und Tochter in den USA und in Lagos. Der Autor Salman Rushdie, der sie 2005 nach dem Erscheinen ihres Romans »Blauer Hibiskus« kennenlernte, sagte später: »A star is born, dachte ich, und das hat sich bestätigt.«

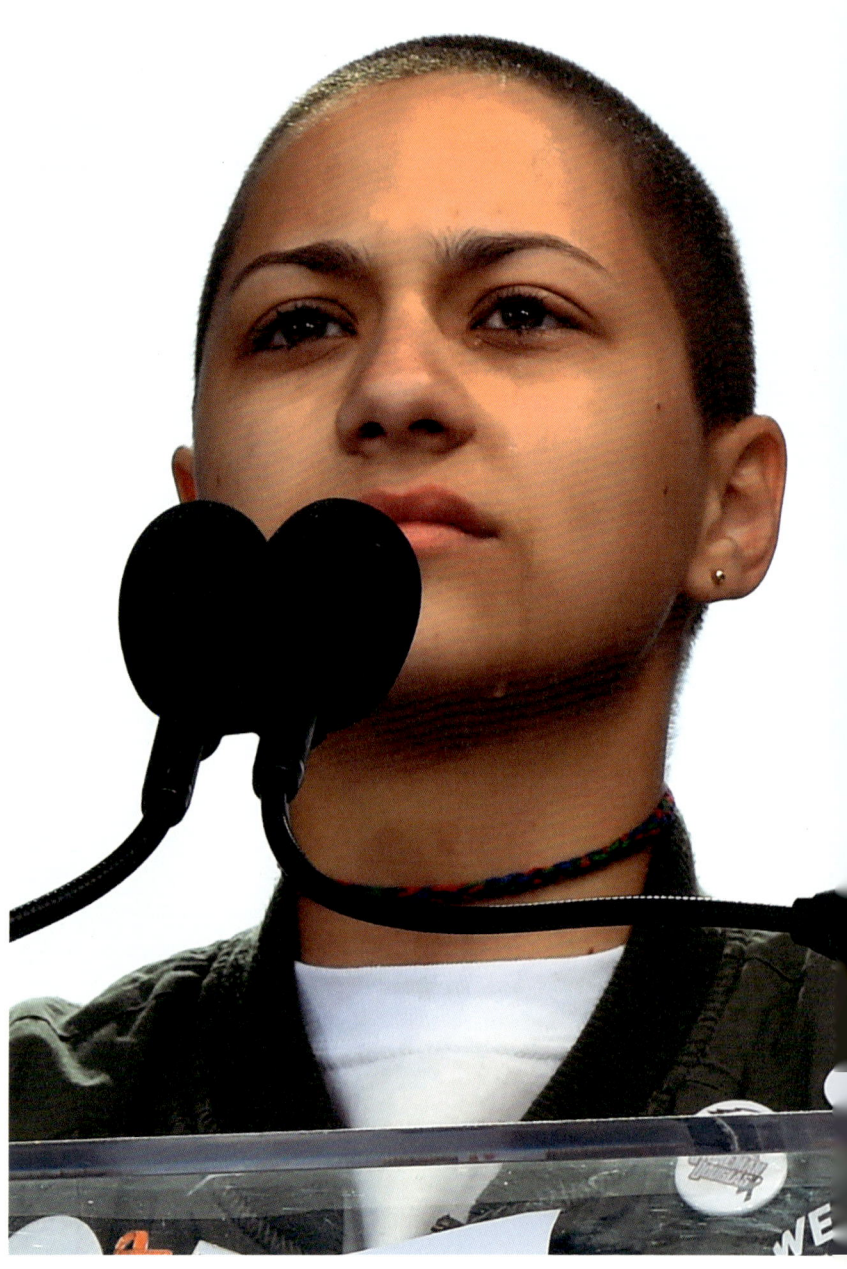

Emma González

* 11. November 1999

Peter Wang wird nie wieder … Alyssa Alhadeff wird nie wieder … Jamie Guttenberg wird nie wieder … Meadow Pollack wird nie wieder …« Aufgewühlt, mit brüchiger Stimme zählt Emma González die Namen ihrer Schulfreundinnen und -freunde auf, die 2018 an ihrer Schule in Parkland, Florida, einem Amokläufer zum Opfer fielen und die nie wieder herumalbern, Basketball spielen oder jemanden liebevoll »Miss Sunshine« rufen werden. Tränen laufen über ihre Wangen, immer schneller, gehetzter wird ihre Stimme, dann bricht sie ab. Sehr aufrecht, den Blick geradeaus, blickt sie von ihrem Rednerpult die lange Straße hinab auf Zigtausende, die dem »March for Our Lives« nach Washington, D. C., gefolgt sind.

»Kämpft für euer Leben, bevor es jemand anderes tun muss.«

Mehr als vier Minuten lang wird sie schweigen, dann piepst ein kleines Signal. Und Emma González sagt: »Seit ich auf die Bühne gekommen bin, sind sechs Minuten und 20 Sekunden vergangen.« Genauso lange hatte der Attentäter auf Kinder und Lehrer geschossen, bis er sein Sturmgewehr zur Seite legte. Bevor sie nach diesem Satz die Bühne verlässt, beschwört sie ihre überwiegend jugendlichen Zuhörer noch mit einem letzten Statement: »Kämpft für euer Leben, bevor es jemand anderes tun muss.«
Obwohl ein großer Teil ihres Auftritts aus Schweigen bestand, gilt die Rede vom 24. März 2018 als eine der eindrucksvollsten und mächtigsten unserer Zeit. Die Demonstranten und die Millionen Zuschauer in aller Welt vor den Fernsehgeräten, Journalisten aller politischen Lager ebenso wie US-Politiker

waren sich anschließend zumindest darin einig: Diese Rede könnte die USA verändern. Denn Emma González, Überlebende des Massakers an der Highschool in Parkland, will nicht nur trauern, sondern kämpfen: für strengere Waffengesetze, für einen ungefährdeten Schulbesuch, gegen die NRA – die mächtige Waffenlobby der USA. Mehr als drei Millionen Gewehre und etwa vier Millionen Pistolen und Revolver werden jedes Jahr in den USA verkauft, absolut legal und ohne jede Kontrolle. Statistisch gesehen und Babys mit eingerechnet, haben mehr als 90 Prozent der Amerikaner eine Waffe. Das Massaker von Parkland am 14. Februar 2018 war bereits die 18. Schießerei an einer Schule seit Jahresbeginn. In 45 Tagen waren 21 Menschen getötet worden, die meisten von ihnen Schülerinnen und Schüler. In den letzten fünf Jahren listet die Statistik 273 Amokläufe an US-Schulen auf – mit 121 Toten, 439 Verletzten und ungezählten traumatisierten Kindern.

»Shame on you!« Emma González scheut das laute, deutliche Wort nicht. Schon drei Tage nach dem Attentat, das 14 Schülerinnen und Schüler und drei Lehrer nicht überlebten, hatten die Jugendlichen zu einer ersten Kundgebung aufgerufen. Dort prangert Emma González die Verantwortlichen und deren Kumpanei an: »An alle Politiker, die Spenden von der NRA annehmen: Schämt Euch!« Über Donald Trump, der eine Beileidsbekundung getwittert hatte, sagt sie verächtlich: »Wenn der Präsident mir ins Gesicht sagen will, dass es eine schreckliche Tragödie ist und dass das alles nie hätte passieren dürfen, und dann trotzdem nichts dagegen unternommen wird, würde ich ihn sehr gerne fragen, wie viel Geld er von der NRA bekommen hat. Aber wisst ihr was, es ist egal, denn ich weiß es schon. 30 Millionen Dollar. Geteilt durch die Zahl der Waffenopfer allein in den ersten eineinhalb Monaten 2018, sind das 5.800 Dollar pro Mensch. Sind Ihnen diese Menschen so wenig wert, Trump?« Sie brandmarkt auch den Zynismus derer, die weiter ungestört ihre Deals machen wollen. Und ihre Behauptungen, die sie BS, Bullshit, nennt: »Sie sagen, dass ein guter Mensch mit einer Waffe einen bösen Menschen mit einer Waffe stoppen kann – wir nennen es BS, Bullshit! Sie sagen, dass strengere Gesetze nicht zu weniger Waffengewalt führen: Wir nennen es BS! Sie sagen, dass Waffen einfach Werkzeuge sind wie Messer und so gefährlich wie Autos: Wir nennen es BS!«

Schon die Reaktionen auf Emma González' erste Rede fallen extrem aus. Ihr

Twitter-Account, den sie nach dem Amoklauf eingerichtet hat, explodiert förmlich. In wenigen Tagen hat sie weit über eine Million Follower, mehr als doppelt so viel wie die NRA. Sie erscheint auf dem Titel des »Time Magazine« und der »Teen Vogue«, sie gibt Interviews in der berühmten Show von Ellen DeGeneres, in Tageszeitungen, in Frauenzeitschriften wie »Glamour«, die sie eine »Ikone« nennt und das Gesicht des #NeverAgainMovement. Unter diesem Schlagwort haben sich die Parkland-Schüler organisiert, mit dem Ziel, durch striktere Waffengesetze künftige Amokläufe an Schulen zu verhindern. Bei einer Schießerei umzukommen, ist in den USA die dritthäufigste Todesursache von Teenagern. Doch so umwerfend der Zuspruch ist, so heftig fällt auch die Ablehnung aus. Schmähungen und Verleumdungen bis zu Verschwörungsfantasien, die rebellischen Schüler seien in Wahrheit Schauspieler, oder aber die Parkland-Kids wollten auf Kosten der Getöteten einfach nur berühmt werden.

> **»Sie sagen, dass ein guter Mensch mit einer Waffe einen bösen Menschen mit einer Waffe stoppen kann – wir nennen es BS, Bullshit!«**

Gegen die 18-jährige Emma mit ihrem charakteristischen kurzgeschorenen Haar, die sich als bisexuell bezeichnet, Tochter von Einwanderern aus Kuba – die Mutter ist Mathematiktutorin, der Vater Anwalt eines Unternehmens für Cyber-Sicherheit –, wird vor allem in den sozialen Netzwerken gehetzt. Immerhin muss ein republikanischer Kandidat für das Abgeordnetenhaus in Maine seine Bewerbung zurückziehen, nachdem er das Mädchen als »lesbischen Skinhead« beleidigt hat. All das geht keineswegs spurlos an Emma vorbei: »Ich hab so viel geredet in den letzten Tagen, dass es sich manchmal anfühlt, als habe ich all meine Worte schon aufgebraucht und als könne ich nie wieder sprechen. Und dann höre, wie jemand etwas richtig Blödes sagt, und kann mich kaum zurückhalten, nicht völlig auszurasten.«
Einen Monat nach ihrer ersten Kundgebung stellten die Parkland-Schüler den »Marsch für unser Leben« / »March for Our Lives« auf die Beine. Es sollte der größte Schülerprotest in der US-Geschichte werden: Mehr als eine

Million kamen zur Hauptkundgebung nach Washington, D. C.; Prominente wie George und Amal Clooney, Steven Spielberg und Oprah Winfrey hatten den Marsch mit jeweils 500.000 Dollar gesponsert, George Clooney schrieb öffentlich:»Ihr macht mich wieder stolz auf mein Land.« Auch in über 800 anderen Städten gingen die Jugendlichen auf die Straße, hielten Botschaften hoch, wie eine Schülerin vor dem Trump-Tower in New York:»Wenn ich bei einer Schulschießerei sterbe, dann begrabt mich nicht. Ladet meine Leiche direkt vor dem Kongress ab.« Von den Politikern dort fordern die Teenager: kein Verkauf von Waffen an unter 21-Jährige mehr, keine halbautomatischen Waffen in die Hände von Zivilisten. Kleinere Etappensiege wurden bereits erreicht. Große Firmen wie die Fluggesellschaft Delta und der Autovermieter Hertz kappten ihre Verbindungen mit der NRA, im Staat Florida ist das Mindestalter für Waffenkäufer von den landesweit üblichen 18 auf 21 Jahre heraufgesetzt, Interessenten werden vorab überprüft, und es gibt eine Wartefrist. Präsident Trump hingegen hat erste Andeutungen über Gesetzesverschärfungen nach kurzer Zeit wieder zurückgenommen und stattdessen der NRA den Rücken gestärkt, so auf deren Jahrestreffen im texanischen Dallas. Dabei starben nur drei Monate und vier Tage nach dem Amoklauf von Parkland wieder zehn Menschen an einer amerikanischen Schule – ein 17-Jähriger hatte in Houston mit einem Gewehr und einem Revolver das Feuer auf seine Mitschüler eröffnet.

Doch nach und nach kommen die Teenager ins Wahlalter – und viele drohen damit, jeden, der nicht für schärfere Gesetze stimmt, abzuwählen. Emma González sagt:»Wir sind Kinder, die sich wie Erwachsene verhalten müssen, während die Erwachsenen sich wie Kinder benehmen.«

Emma González und ihre Mitstreiter fighten auf dem »Marsch für unser Leben« gegen die US-Waffenlobby und die Regierung Trump, und die ganze Welt nimmt Anteil. Am 24. März 2018 schreibt die Schülerin Emma González in Washington, D.C., Geschichte.

Patrisse Khan-Cullors

* 1984

D rei Worte nur: Black Lives Matter. Mit diesem kurzen Statement reagierte Patrisse Cullors am 13. Juli 2013 auf einen höchst umstrittenen richterlichen Freispruch. Ein selbst ernannter Wachmann hatte den unbewaffneten schwarzen Schüler Trayvon Martin erschossen. Obgleich man den Aussagen des Täters, er habe aus Notwehr gehandelt, keinen Glauben schenken konnte, war er in einem spektakulären Prozess freigesprochen worden – und viele Schwarze fühlten sich darin bestätigt, dass ihr Leben in ihrem eigenen Land nicht zählte.

»Black Lives Matter«

Dann diese drei Worte von Patrisse Cullors, gepostet an ihre Freundin Alicia Garza, die sie mit anderen teilt: Schwarze Leben zählen. Eine Aussage, die so ganz und gar selbstverständlich sein sollte, wurde erst zu einem Weckruf in den sozialen Medien und schon bald zu einem Aufschrei, der das ganze Land erfasste. Schließlich wurde damit eine neue Bürgerrechtsbewegung eingeläutet, und zwar genau 50 Jahre nach der Jahrhundertrede des schwarzen Friedensnobelpreisträgers Martin Luther King und seiner Ansprache »I have a dream«. Patrisse Cullors wird ab jetzt zu einer unüberhörbaren Stimme im Kampf um die Rechte der Schwarzen. 50 Jahre nach Martin Luther Kings Rede wird sie von Erfahrungen sprechen, die sich von denen, die schwarze Menschen zu Zeiten des großen Bürgerrechtlers machen mussten, in nichts unterscheiden.

In einem Interview für TEDWomen berichtet sie am 29.11.2016 leidenschaftlich vor einem überwiegend weiblichen Publikum: »Ich wuchs in einer Wohngegend auf, die stark überwacht wurde. Ich habe miterlebt, wie meine Brüder und Geschwister ständig von der Polizei angehalten und durchsucht wurden. Ich erinnere mich, dass mein Haus durchsucht wurde. Als Kind war eine meiner Fragen: Warum? Warum wir? ›Black Lives Matter‹ bietet Antworten auf das Warum. Es bietet eine neue Perspektive für schwarze Mädchen auf der ganzen Welt. Wir verdienen es, dass man sich für uns einsetzt. Wir verdienen es, dass sich die Gemeindeverwaltungen für uns einsetzen. ›Black Lives Matter‹ ist unser Aufruf zum Handeln. Dank seiner ist wieder eine Welt vorstellbar, in der schwarze Menschen frei existieren und leben.«

Jahre nach dem Drei-Worte-Hashtag, der nicht nur ihr Leben verändert, sondern auch den Blick der Gesellschaft auf Rassendiskriminierung, Polizeigewalt und staatliche Willkür gelenkt hatte, fasst Patrisse Cullors noch einmal zusammen, was die schwarze Community in den USA bewegt: »Niemand hat erwartet, dass ich überlebe, und man hat mich auch nicht ermutigt. Von meinen Brüdern und meiner kleinen Schwester, meiner Familie – der, in die ich geboren wurde, und der, die ich gegründet habe – erwartete niemand, dass sie überlebt. Wir führten ein riskantes Leben auf dem Drahtseil der Armut.«

Doch Patrisse Cullors hielt die Balance. Ausgestattet mit einer inneren Stärke und Fokussiertheit, gelang ihr der soziale Aufstieg. Sie glänzte im Unterricht und studierte mithilfe eines Stipendiums Religionswissenschaften und Philosophie an der University of California in Los Angeles. 2004 ließ sie sich zur Priesterin der vor allem in Nigeria praktizierten Religion Ifá weihen, unter anderem, »weil ich entschlossen war, queere Menschen trotz des damals in Kalifornien und im ganzen Land geltenden Unrechts zu verheiraten«. Sie, die sich seit ihrer Jugend als queer bezeichnet, sogar als jemand, der sich seiner sexuellen Orientierung und Identität nicht sicher ist, bekommt 2016 ein Baby. Kurz zuvor hat sie ihre Freundin Janaya Khan geheiratet. Und sie sorgt und kümmert sich, vor allem um ihren Bruder, der bei geringsten Anlässen eingesperrt wird (»Es fällt mir kaum ein Junge aus meiner Nachbarschaft ein, der nicht einmal im Jugendgefängnis gesessen hat oder mindestens einmal verhaftet wurde.«), um ihren Vater, der Drogenprobleme hat, aber »statt einer

Behandlung eine Gefängnisstrafe erhielt«, ihre Mutter, die einen verzweifelten Kampf um ihren Sohn führt.

Seit 2014 hat die Organisation #BlackLivesMatter mehr als 1.000 Märsche und Kundgebungen auf den Weg gebracht. Jeder neue gewaltsame Tod eines jungen Schwarzen durch eine Polizeikugel oder weiße Häscher wird angeprangert. Laut einem Bericht der »Washington Post« waren 22 Prozent aller Männer, die im Jahr 2017 in den USA von der Polizei erschossen wurden, Afroamerikaner, obwohl sie nur sechs Prozent der Bevölkerung ausmachen. Und: Bis auf drei von ihnen waren sie allesamt unbewaffnet.

»Ich lasse mich nicht einschüchtern. Ich organisiere seit meinem 16. Lebensjahr Widerstand.«

Patrisse Cullors und die beiden Mitbegründerinnen der Bewegung, Alicia Garza und Opal Tometi, formulieren Leitsätze wie das »Beenden aller Gewalt gegen Schwarze«, sie initiieren Debatten sowie neue Gesetze, wie das Verbot in Kalifornien, Jugendliche in Einzelhaft zu nehmen, sie erkämpfen das erste zivile Aufsichtsgremium für das County Sheriff's Department von Los Angeles. Und sie versuchen ein neues Bewusstsein, vor allem im weißen und wohlhabenden Teil der amerikanischen Bevölkerung, anzuregen.

»Mit einem Megafon in der Hand, in schwarzem Tanktop und violettem Rock, zu der Zeit quasi meine Uniform«, macht sie sich in die Ghettos der Reichen auf, bei allen Aktionen von der Polizei verfolgt, die über den Köpfen der Demonstranten Hubschrauber kreisen lässt. »Und dann bitte ich die Menschen am Rodeo Drive in Beverly Hills, doch bitte nur einen Moment lang innezuhalten. Innezuhalten für Trayvon Martin, innezuhalten für seine Eltern, die er in Trauer und unaussprechlichem Kummer hinterlassen hat. Als ich das tue, wirkt es, als würde die Polizei gleich zuschlagen. Sie rücken immer näher, und ich habe Angst. Aber ich bitte noch mal um einen Moment des Gedenkens an Trayvon, und soweit mein Blick reicht, stellen daraufhin alle Menschen, die mich gehört haben und offenbar alle weiß sind, ihre Champagnergläser ab, legen die silbernen Gabeln hin, hören auf, die Handys zu checken oder sich zu unterhalten, und noch der Letzte von ihnen senkt den Kopf.«

Verständnis und Empathie müssen schwer erkämpft werden. Es entsteht eine »Blue Lives Matter«-Gegenbewegung zugunsten der blaugekleideten Polizisten und die »All Lives Matter«-Parole, die Patrisse Cullors kopfschüttelnd zurückweist: »Da frage ich mich, wie viele weiße Amerikaner mitten in der Nacht aus ihren Betten gezerrt werden, weil sie einer vagen Personenbeschreibung von Gott weiß wem entsprechen.«

Patrisse Cullors, die seit ihrer Heirat den Namen Khan-Cullors trägt, prangert auch als Künstlerin und Dramaturgin die Unterdrückung der schwarzen Bevölkerung an. Egal, welche Bühne sie wählt: Sie wird gehört. Mehr als 40 Auszeichnungen von »World's Greatest Leaders« bis zum »Sydney Peace Prize«, den zuvor schon Nobelpreisträger Desmond Tutu entgegengenommen hatte, bekommt die gefragte Rednerin für ihr Engagement und das der #BlackLivesMatter verliehen.

> »Da frage ich mich, wie viele weiße Amerikaner mitten in der Nacht aus ihren Betten gezerrt werden, weil sie einer vagen Personenbeschreibung von Gott weiß wem entsprechen.«

Im Präsidentschaftswahlkampf bezeichnen einige Kandidaten der republikanischen Partei »Black Lives Matter« als »einheimische Terroristen« und als »Hassgruppe«. Kandidat Donald Trump nennt sie eine »Bedrohung«. Genau das ist die Bewegung für jene, die an alten Machtstrukturen festhalten und echte Gleichberechtigung unterbinden wollen. Ihr Buch beendet Khan-Cullors mit einem Satz von Martin Luther King: »Wir glauben daran, eines Tages frei zu sein.«

Cannes: Hauptrolle für den Feminismus

Und Action! Gleichberechtigung, gleiche Bezahlung, gleiche Chancen – der Feminismus hat die Filmbranche erreicht. 82 Frauen, angeführt von Cate Blanchett und Agnès Varda, nutzten die Festspiele in Cannes 2018 für ihre Forderungen.

Malala Yousafzai

* 12. Juli 1997

I ch hatte zwei Optionen. Die eine war, zu schweigen und darauf zu warten, getötet zu werden. Die zweite war, laut meine Meinung zu sagen und dafür getötet zu werden. Ich wählte die zweite. Ich entschied mich, laut zu sprechen.« Malala Yousafzai ist gerade einmal 17 Jahre alt, sie hat ein Attentat, das sie zum Schweigen bringen sollte, knapp überlebt. Nun steht sie im Dezember 2014 in Oslo vor einem hochkarätigen Publikum und bedankt sich für den Friedensnobelpreis, der ihr soeben überreicht wurde. Und wieder tut sie genau das, wofür man sie beinahe getötet hätte: Sie sagt laut, was zu sagen ist. Und rund um den Globus hört man Malala, dem unerschrockenen Teenager aus Pakistan, zu.

»Ich stehe für 66 Millionen Mädchen, die man ihrer Bildung beraubt.«

»1,57 Meter groß, wenn man die Absätze mitzählt«, so hatte sich die Schülerin vorgestellt. Und zugleich klargemacht, dass trotz des Anschlags, trotz der unverändert großen Bedrohung durch die Terrororganisation Taliban, weiter mit ihr zu rechnen sei. Als 11-Jährige hatte Malala, die wissbegierige und clevere Tochter eines Lehrers, begonnen, einen Blog über ihr Leben im Swat-Tal im Norden von Pakistan zu schreiben. Es war die Zeit, als die islamistische Taliban-Miliz die Region unter ihre Herrschaft gezwungen hatte und mit aller Gewalt ihre Idee vom Gottesstaat nach eigener Fasson durchzusetzen begann. Hauptziel: die totale Kontrolle, vor allem über das Leben und den Alltag der Frauen, denen sie jede berufliche Tätigkeit, Bildung und auch medizinische Versorgung weitgehend verweigerte. Frauen, die sich nicht vollständig verhüllten und ohne Begleitung eines männlichen Verwandten in die Öffentlichkeit wagten, drohte die Peitsche. Mädchen war nur die Grundschule erlaubt, von weiterführenden Schulen wurden sie ausgeschlossen. Was blieb, war im besten Fall heimlicher Privatunterricht bei Lehrerinnen, die sich nicht einschüchtern ließen. Bildung wurde zum Verbrechen.

»Schwäche, Angst und Hoffnungslosigkeit sind verschwunden; Stärke, Kraft und Mut sind geboren.«

All dies beschrieb Malala in ihrem Internet-Tagebuch. Der Vater hatte Kontakt zur BBC bekommen und ihr den Blog eingerichtet, den die Rundfunkanstalt dann verbreitete. Unter dem Pseudonym Gul Makai schrieb sie regelmäßig in ihrer Landessprache Urdu über die Erfahrungen, die sie als Mädchen in einem von Taliban besetzten Gebiet macht, dass sie Burka tragen soll, dass sie nicht mehr lernen soll. Ab 2009, nachdem die Miliz zurückgedrängt worden war, bloggte sie dann unter ihrem eigenen Namen. Sie wurde von der Regierung belobigt, man interviewte sie fürs Lokalfernsehen. Und auch wenn die Familie immer wieder Drohungen bekam, kleine Zettelchen, die im Vorbeigehen zugesteckt wurden, glaubte niemand, dass sie in ernster Gefahr sein könnte. »Die Taliban haben noch nie ein kleines Mädchen geholt«, davon seien sie und die Eltern fest ausgegangen. Es sollte anders kommen. Am 9. Oktober 2012 hielt ein junger Mann, Anhänger der Taliban, mit seinen Komplizen ihren Schulbus an, fragte, wer Malala sei, und schoss ihr dann mit einem Revolver in den Kopf. Es war der Tag, an dem sie fast gestorben wäre – und an dem sie, 15 Jahre alt, weltweit zur Heldin wurde.

Als sie Monate später in einem Krankenhaus in England wieder aufwacht, ist sie auf dem linken Ohr taub, sie hat eine Titanplatte in der Schädeldecke und durchtrennte Gesichtsnerven verhindern, dass sie wie früher lächeln kann. Doch ihr Wille ist ungebrochen. Am 12. Juli 2013, an ihrem 16. Geburtstag, steht sie in New York und spricht auf Einladung und unter dem Jubel der Vereinten Nationen. »Die Terroristen dachten, sie könnten meine Ziele verändern und meinen Ehrgeiz stoppen. Aber in meinem Leben hat sich nichts verändert, mit einer Ausnahme: Schwäche, Angst und Hoffnungslosigkeit sind verschwunden; Stärke, Kraft und Mut sind geboren.« Die Attentäter hätten gehofft, die

Kugeln würden sie zum Schweigen bringen, »aber sie sind gescheitert. Denn aus der Stille kamen Tausende Stimmen.« Malala, die nun mit ihren Eltern und Brüdern in England lebt, gewinnt Unterstützung auf der ganzen Welt, sie gründet eine Stiftung, die Mädchen den Schulbesuch finanziert.

»Ein Abkommen, das gegen die Rechte von Frauen geht, ist unannehmbar.«

Sie reist, sie spricht, sie erhält Preise – noch keine 20 Jahre alt, ist sie bereits die wohl weltweit bekannteste Aktivistin für Bildung und Frauenrechte. Im Frühjahr 2018 kehrt sie, gemeinsam mit ihren Eltern und den beiden Brüdern, für einen kurzen, unangekündigten Besuch nach Pakistan zurück, strengstens geschützt von der Regierung. »Fünfeinhalb Jahre habe ich geträumt, nach Hause zu kommen.« Eines Tages werde sie dies auch für immer tun und sich in ihrer Heimat engagieren. Immer wieder muss sie sich die Tränen wegwischen – »ich weine sonst nicht oft«. Doch sosehr die pakistanische Regierung sie feiert und als »Tochter der Nation« bejubelt, so sehr wird sie von den Fundamentalisten als angebliche Marionette des Westens, als Verräterin, gehasst. Der Attentäter und seine Helfer wurden zwar gefasst und verurteilt, doch Fanatiker rufen weiter zu ihrer Ermordung auf.

Nach der Schule begann Malala Yousafzai in Oxford den sehr renommierten Studiengang der Politik, Philosophie und Wirtschaft. Und noch immer gilt, was sie mit 16 Jahren, in ihrer Rede vor der UNO, gesagt hatte: »Die Extremisten hatten und haben Angst vor Büchern und Stiften. Die Macht der Bildung erschreckt sie. Sie haben Angst vor Frauen. Die Macht der Stimme von Frauen erschreckt sie … Wir rufen die führenden Politiker auf, dass alle Abkommen die Rechte von Frauen und Kindern schützen müssen. Ein Abkommen, das gegen die Rechte von Frauen geht, ist unannehmbar … Wir können nicht erfolgreich sein, wenn die Hälfte von uns zurückgehalten wird. Wir rufen unsere Schwestern auf der ganzen Welt auf, tapfer zu sein, die eigene Stärke anzunehmen und ihre Möglichkeiten voll auszuschöpfen … Wir werden unsere Reise mit dem Ziel Frieden und Ausbildung fortsetzen. Niemand kann uns aufhalten. Wir werden für unsere Rechte sprechen und unsere Stimme wird sich verändern. Wir glauben an die Kraft und Stärke unserer Worte.«

Manal al-Sharif

* 25. April 1979

Die Häscher kamen morgens um 2 Uhr, hämmerten wieder und wieder an die Tür. Als Manal al-Sharif ihnen irgendwann öffnete, hieß es, sie müsse zur Polizei mitkommen. Die 32-jährige IT-Expertin wusste sofort Bescheid. »Ich hatte das Verbrechen begangen, das Auto meines Bruders zu fahren. Genauer gesagt bestand das Vergehen darin, als Frau am Steuer gesessen zu haben.«

Das war am 20. Mai 2011 in Saudi-Arabien, dem letzten Land der Erde, in dem Frauen das Autofahren untersagt war. Nicht per Gesetz, sondern aus Gründen der Moral, denn eine Frau auf dem Fahrersitz galt als »haram«, als unrein. Verstöße wurden streng geahndet, und Manal al-Sharif, die einen internationalen Führerschein sowie auch einen eigenen Wagen besaß, landete in einem überfüllten Gefängnis. Aus dem sie nach neun Tagen eine Petition von Unterstützern, vor allem aber ihr Vater, ein einfacher Taxifahrer aus Mekka, wieder herausholen konnte, nachdem er bei König Abdullah um Gnade gebeten und versprochen hatte, dass seine Tochter nie wieder die öffentliche Ordnung stören würde.

»Mein Herz raste, als ich auf die Kupplung trat, den Zündschlüssel drehte und hörte, wie der Motor ansprang. Ich legte den Rückwärtsgang ein. Ich hatte mich zu dieser Fahrt entschlossen, weil ich voller Ärger gewesen war, aber jetzt spürte ich, wie eine tiefe Ruhe in mir aufstieg. Ich wollte unbedingt selbst fahren.« Es war ein langer Weg bis zu diesem Akt des Widerstands, den Manal al-Sharif akribisch geplant hatte und den sie später in ihren Lebenserinnerungen, ihrem Buch »Losfahren«, nachzeichnete. Sie und ihre Mitstreiterinnen hatten, unterstützt von einigen saudischen Männern, mit der Kampagne »women2drive« für eine Art Frauentag hinterm Steuer getrommelt. Welche Frau die Möglichkeit und den Mut habe, solle an diesem Tag, dem 17. Juni 2011, durch die öffentlichen Straßen kurven, um so für das Recht auf Fahren zu demonstrieren. Um dem Vorhaben, das über die sozialen Medien publik gemacht wurde, die nötige Aufmerksamkeit zu verschaffen, hatte sich die Wortführerin entschlossen, mit ihrem violetten Cadillac sozusagen vorauszufahren. Eine Freundin, die Frauenrechtlerin Wajeha al-Huwaider, sollte die Aktion mit dem Handy filmen. Und auch sie hatte sich vorbereitet und zu Manal al-Sharifs Ermutigung in leuchtendes Pink gekleidet. »Saudische Frauen tragen in der Öffentlichkeit selten eine andere Farbe als Schwarz. Als ich Wajeha in Pink sah, musste ich kichern – sie war sogar noch unerschrockener als ich. Zweifellos hatte sie gedacht, wenn man uns verhaftete, sollte sie wenigstens gut aussehen.« Der Videoclip, den die Frauen ins Netz stellen, wird ein Renner. 700.000 Clicks in der ersten Nacht mit 80 Prozent Zustimmung der Nutzer. Die Gegner melden sich per Mail: »Wir schaufeln dein Grab«, »Du hast dir das Tor zur Hölle geöffnet.« Am nächsten Tag wiederholte sie den Ausflug, diesmal mit ihrem Bruder Mohammed auf dem Beifahrersitz – »Wir leben im Jahr 2011. Die Zeit ist reif.« In den Freitagsgebeten fordern Imame, Manal al-Sharif öffentlich auszupeitschen.

»Es ist nicht übertrieben zu sagen, dass der Tod hinnehmbarer ist als eine Verletzung der strikten Vormundschaftsregeln.«

Der Kampf saudischer Frauen um das Steuer war mehr als nur der drängende Wunsch nach Mobilität, mehr als der Wunsch, teuren Privat-Chauffeuren und grapschenden Taxifahrern zu entkommen. Es war ein gewaltiger Schritt in Richtung Gleichberechtigung, weg von der immerwährenden Kontrolle durch die Männer. Denn so, wie sich eine Frau bis zum 24. Juni 2018 ohne einen Mann nicht von A nach B bewegen konnte, so wenig kann sie auch heute noch ohne einen nahen männlichen Verwandten, einen Mahram, am Leben teilnehmen. Ein System mit tödlichen Folgen: »Ist der Vormund einer Frau nicht anwesend, darf weder bei einem Überfall die Polizei das Haus betreten noch bei einem Brand oder einem medizinischen Vorfall die Feuerwehr.« Jede Ausbildung, jede geschäftliche Transaktion, jede Wohnung, jede Reise –

was zählt, ist einzig die Unterschrift des Vormunds. Es war ein Leben, das al-Sharif irgendwann nicht mehr ertrug. Mit ihrer öffentlichen Fahrstunde stieg Manal al-Sharif weit über den arabischen Raum hinaus zum Symbol für den Willen zur Freiheit auf. Doch sie zahlte einen hohen Preis. Die erste Ehe scheiterte an der Forderung ihres Mannes, sie solle ihre Arbeit aufgeben, was er mit Prügeln durchsetzen wollte. Ihr Sohn aus dieser Ehe blieb bei der Familie ihres Ex-Mannes, denn eine geschiedene Frau erhält niemals das Sorgerecht. So wie sie verlor auch ihr Bruder, der sie immer unterstützt hatte, seinen Job und ging schließlich ins Ausland.

Von dort setzt Manal al-Sharif immer neue Kampagnen für die Frauen in Gang – gegen häusliche Gewalt, gegen die Inhaftierungen von Hausmädchen, die sich Schikanen ihrer Arbeitgeber widersetzt hatten, und immer weiter für das Recht auf Autofahren. Zumindest Letzteres wurde durchgesetzt, außerdem ein Gesetz zur Ahndung von sexueller Belästigung. Es gibt nun einige wenige Rechtsanwältinnen, und 2016 starteten erstmals vier saudische Sportlerinnen bei den Olympischen Spielen. Saudi-Arabien fährt eine Kampagne der Modernisierung – doch gleichzeitig auch erkennbar eine Kampagne der Einschüchterung. Kurz vor der Aufhebung des Fahrverbots wurden mehrere Aktivistinnen unter dem Vorwurf am Umsturz des Staates gearbeitet zu haben, verhaftet und ins Gefängnis gebracht.

»Eine Gesellschaft ist nichts, wenn Frauen ein Nichts sind.«

Manal al-Sharif lässt sich nicht stoppen. In einer Rede vor dem Oslo Freedom Forum sagte sie am 10. Mai 2012: »Frieden beginnt im Inneren. Für mich, hier, bin ich frei. Aber wenn ich nach Hause zurückgehe, nach Saudi-Arabien, hat der Kampf gerade erst begonnen. Ich weiß nicht, wie lange er dauern wird, und ich weiß nicht, wann er enden wird. Aber für mich geht der Kampf nicht darum, Auto zu fahren. Sondern darum, auf der Fahrerseite zu sein, wenn es um unser Schicksal geht. Es geht darum, frei zu sein, nicht nur zu träumen, sondern auch zu leben.« Für dieses Ziel bleibt sie widerständig: »Der Regen beginnt mit einem einzigen Tropfen.«

WER, WENN NICHT ICH ...

Oprah Winfrey

* 29. Januar 1954

S ie nennen es den »Oprah-Effekt«: Was immer die einstige Talkshow-Queen und heutige Businessfrau anfasst, so schwärmen Fans, werde in ihren Händen zu Gold. Wie nun auch ihre Rede, gehalten bei einer der großen amerikanischen Show-Veranstaltungen im Januar 2018, mit der sich Oprah Winfrey in die schmale Riege derer katapultiert, die für würdig befunden werden, als künftige Präsidentin die USA zu führen.

»Their time is up!«

Noch am Abend ihres Auftritts wurde »Oprah 2020« zum Slogan all derer, die nach der flammenden »Golden-Globe-Speech« auf die Kandidatur der einstigen Talkshow-Queen setzen. Und die gemeinsam dafür sorgen wollen, dass die Zeit der Gewalt, des Rassismus, des Missbrauchs, die Zeit der Unterdrücker und Tyrannen abgelaufen ist – »their time is up!«. Eine Umfrage in den USA konnte wenige Tage später den »Oprah-Effekt« untermauern: Wäre die nächste Präsidentschaftswahl noch im selben Jahr, hätte Oprah Winfrey allerbeste Chancen, als erste Frau ins Weiße Haus einzuziehen. Nach dieser Umfrage führte sie unter den Weißen, unter den Schwarzen, unter den Frauen und unter den jüngeren Wählern.

Es sind Sätze wie die über ihre Kindheit, die den Zuhörern der Preisverleihung für die besten Kinofilme und TV-Sendungen, unter ihnen Barbra Streisand, Tom Hanks, Nicole Kidman, Steven Spielberg, Mariah Carey und Shirley McLaine, ans Herz gehen: »1964 war ich ein kleines Mädchen, das auf dem Linoleumboden des Hauses meiner Mutter in Milwaukee saß und sah, wie Anne Bancroft bei der 36. Oscarverleihung den Oscar für den besten Schauspieler überreichte. Sie öffnete den Umschlag und sagte fünf Wörter, die buchstäblich Geschichte machten: »Der Gewinner ist Sidney Poitier«. Auf die Bühne kam der eleganteste Mann, den ich je gesehen habe. Seine Krawatte war weiß, seine Haut war schwarz – und er wurde gefeiert. Ich habe noch nie einen Schwarzen gesehen, der so gefeiert wurde.«

Viele kennen die Geschichte der Frau auf der Bühne, die nun als erste Schwarze in der 75-jährigen Geschichte der Golden Globes den Preis für ihr Lebenswerk entgegennimmt. Geboren noch in Zeiten der Rassentrennung 1954 in Mississippi, einem der ärmsten US-Staaten im Süden des Landes, als Tochter eines minderjährigen Elternpaars. In den ersten Jahren in einfachsten Verhältnissen bei den Großeltern auf einer Schweinefarm aufgewachsen, als Kind missbraucht, mit 14 Jahren Mutter eines Babys, das kurz nach der Geburt starb. Dies und noch viel mehr hat Oprah Winfrey während ihrer jahrzehntelangen Karriere beim Fernsehen, in ihrer eigenen Talkshow mit Millionen-Einschaltquote, in ihren Büchern und in zahllosen Interviews erzählt. Seit Jahrzehnten quält sie sich mit Diäten – als sie vor Jahren einmal rund 30 Kilo abgenommen hatte, zog sie in ihrer Show einen Karren auf die Bühne, darauf aufgetürmt 30 Kilo Fleisch, Anschauungsmaterial fürs Publikum.

Heute ist Oprah Winfrey mehrfache Milliardärin, nach dem Ende ihrer Talkshow wurde sie Unternehmerin, im Sommer 2018 gab »Apple« bekannt, dass man eine langjährige Partnerschaft mit ihr vereinbart habe und gemeinsam Programme und Serien entwickeln werde. Daneben besitzt sie einen eigenen TV-Sender, produziert Filme, sie spielte in Welterfolgen wie »Die Farbe Lila«, schreibt Bücher und wird als eine der spendabelsten Philanthropinnen gerühmt. Michelle und Barack Obama zählen zu ihren Freunden, bei den Präsidentschaftswahlen 2016 unterstützte sie Hillary Clinton und konterte alle Vorbehalte gegen die Kandidatin mit einem schlichten: »Du musst sie nicht mögen.« Die Frage sei doch: »Magst du die Demokratie oder willst du einen Demagogen haben?«

Doch auch im Augenblick ihres größten Triumphes weist sie sich und alle anderen darauf hin, wo sie ihre Wurzeln hat: »Ich möchte heute Nacht allen Frauen danken, die Jahre des Missbrauchs und der Gewalt erlebt haben, weil sie, wie meine Mutter, Kinder zu ernähren und Rechnungen zu zahlen hatten und Träume verfolgten. Sie sind die Frauen, deren Namen wir nie kennen werden.« Oprah Winfrey hält an diesem Abend ein Plädoyer für die Menschlichkeit, für die Wahrheit, für den Mut, trotz aller Rückschläge immer wieder aufzustehen, und ebenso ein Plädoyer dafür, sich zur Wehr zu setzen, Unrecht beim Namen zu nennen und Gerechtigkeit auch noch nach Jahrzehnten einzufordern. Dabei erinnert sie an eine Frau, die kurz zuvor mit 98 Jahren gestorben ist.

»Zu lange wurden Frauen nicht gehört oder ihnen nicht geglaubt, wenn sie es wagten, die Wahrheit über die Macht dieser Männer zu sagen.«

Recy Taylor, eine junge schwarze Frau, verheiratet und Mutter einer Tochter, war 1944 im Alter von 24 Jahren von sechs weißen Männern entführt, vergewaltigt und mit dem Tod bedroht worden, sollte sie je darüber reden. Trotz ihrer Angst vor Rache meldete sie das Verbrechen, doch keiner der sechs jungen Männer wurde verurteilt. Stattdessen verleumdeten einige von ihnen sowie der zuständige Sheriff das Opfer als Prostituierte.

»Sie lebte, wie wir alle gelebt haben, zu viele Jahre in einer Gesellschaft, die von brutalen Männern beherrscht wurde. Zu lange wurden Frauen nicht gehört oder ihnen nicht geglaubt, wenn sie es wagten, die Wahrheit über die Macht dieser Männer zu sagen. Aber ihre Zeit ist abgelaufen. Und ich hoffe – ich hoffe, dass Recy Taylor in dem Wissen starb, dass ihre Wahrheit, wie die Wahrheit von so vielen anderen Frauen, die in diesen Jahren gequält wurden und sogar jetzt gequält werden, weitergetragen wird.«

Noch bevor sie zum Schluss ihrer Rede kommt, haben sich die Zuhörer längst jubelnd von ihren Plätzen erhoben, doch mit lauter und kämpferischer Stimme übertönt Oprah Winfrey den Beifall, indem sie allen eine Botschaft voller Hoffnung zuruft:»Also möchte ich, dass alle Mädchen, die hier zusehen, wissen, dass ein neuer Tag am Horizont aufgeht! Und wenn dieser neue Tag endlich dämmert, wird es wegen all der großartigen Frauen sein, von denen viele heute Nacht hier in diesem Raum sind, und einigen phänomenalen Männer, die alle hart dafür kämpfen, dass sie die Anführerinnen und Anführer werden, die uns in eine Zeit leiten, in der niemand mehr ›MeToo‹ sagen muss.«

Angelina Jolie

* 4. Juni 1975

Mit nur 25 Jahren hatte sie sich eine Karriere aufgebaut, für die es selbst in Hollywood wenig Vorbilder gibt. In mehr als einem Dutzend Filmen hatte Angelina Jolie mitgewirkt, einen Oscar und drei Golden Globes gewonnen. Dann kam »Lara Croft«, die Verfilmung eines Computerspiels rund um eine Action-Heldin, die mehr als 270 Millionen Dollar einbringen würde. Die Dreharbeiten führten Angelina Jolie nach Kambodscha: »Durch diese Reise erfuhr ich erst, wie wenig ich wusste, und sie war der Beginn meiner Suche nach diesem Wissen ...«

Immer wieder hatte die Crew während der Arbeit Landminen ausweichen müssen, die zu Abertausenden in dem südostasiatischen Land vergraben sind. Explosives Erbe des Krieges zwischen Diktator Pol Pot, der das Land in den 1970er-Jahren mit Massenmorden in einen totalitären Kommunismus peitschte, und den Invasionstruppen aus Vietnam, die das Regime 1979 beendeten. Und immer wieder traf man auf Flüchtlingslager – Zeugnisse einer humanitären Katastrophe, die auch Jahre nach dem Friedensschluss und trotz internationaler Hilfe nicht einmal ansatzweise bewältigt ist. Diese Bilder ließen sie auch nach der Rückkehr in die USA nicht wieder los. Jolie wandte sich an das Flüchtlingshilfswerk der Vereinten Nationen, UNHCR, und noch im Jahr 2001, als »Lara Croft« in die Kinos kommt, bricht sie zu einer mehrmonatigen Expedition zu Flüchtlingslagern in Afrika, Asien, Südamerika auf. In ihrem eindrucksvollen »Tagebuch einer Reise« schreibt sie: »Einige meiner Freunde finden es verrückt, dass ich mein sicheres, bequemes Zuhause verlasse.«

Unzählige Krisenzentren und Kriegsgebiete hat sie in den folgenden Jahren besucht. Im Sommer 2018 fuhr sie zum dritten Mal in die völlig zerstörte irakische Stadt Mossul und teilte mit den Helfern vor Ort deren beschwerlichen und oft genug gefährlichen Alltag, bemühte sich anschließend, den Blick der Wohlhabenden auf die Nöte der Millionen Flüchtlinge zu lenken. »Ich bin ganz sicher, wenn allen Menschen bewusst wäre, was sich in der Welt abspielt, gäbe es keinen Zweifel: Wir alle müssten handeln.« Neben den drei leiblichen Kindern, die sie mit Hollywoodstar Brad Pitt bekommt, adoptiert sie drei weitere – zwei Jungen aus Kambodscha und Vietnam, ein Mädchen aus Äthiopien. Auch in den intimsten Belangen geht sie unerschrocken auf die Öffentlichkeit zu. Als ein Gentest ein großes Risiko für Brustkrebs ergibt, lässt sie sich 2013 das Drüsengewebe beider Brüste entfernen – und spricht darüber. Die weltweite Diskussion über diesen Schritt wird 2015 noch einmal befördert, als sie sich prophylaktisch auch Eileiter und Eierstöcke entfernen lässt. Acht Jahre zuvor war ihre Mutter Marcheline Bertrand, die sie meist allein großgezogen hat, mit erst 56 Jahren an Eierstockkrebs gestorben.

Und während sie, längst eine der Top-Verdienerinnen und 2007 zum größten Sexsymbol aller Zeiten gekürt, weiterhin Filme dreht und produziert, beginnt sie schließlich, sich auch politisch einzumischen. Zweimal tritt sie als Gastrednerin beim Weltwirtschaftsforum in Davos auf, um die politischen und wirtschaftlichen Eliten zu erreichen. 2014 wird sie von der englischen Königin mit dem Orden »Honorary Dame Commander« ausgezeichnet. Dies auch für ihre Kampagne gegen sexuelle Gewalt als Kriegswaffe. 1.200 Regierungsvertreter, Aktivisten und Opfer von Vergewaltigungen aus mehr als 100 Ländern nehmen 2014 an einem Summit in London teil, den Jolie mit dem britischen Außenminister William Hague initiiert. Das Thema ist eng mit einem ihrer Filme verbunden. »Liebe in Zeiten des Krieges« behandelt den Bosnien-Krieg und die systematischen Vergewaltigungen durch die Milizen. 50.000 Frauen seien dort missbraucht worden, 60 Täter habe man angeklagt, die Zahl der Verurteilungen sei »erbärmlich gering«.

»Sexuelle Gewalt ist billiger als eine Kugel und hat anhaltende Konsequenzen, die sich mit widerlicher Vorhersehbarkeit entfalten.«

In ihrer Eröffnungsrede sagt sie unter dem Beifall der Zuhörer: »Es ist ein Mythos, dass Vergewaltigung ein unvermeidlicher Teil von Konflikten sei.

Nichts daran ist unvermeidlich. Es ist eine Kriegswaffe gegen Zivilisten. Es hat nichts mit Sex zu tun, es hat nur mit Macht zu tun. Es wird eingesetzt, um Unschuldige zu foltern und zu verletzten, und oft sind das sehr kleine Kinder. … Wir müssen die Nachricht in die Welt hinausschicken, dass es keine Schmach ist, Überlebende von sexueller Gewalt zu sein; die Schande liegt ganz beim Aggressor. Wir müssen über Grenzen und Religionen hinweg, auf neuen und nie dagewesenen Wegen zusammenarbeiten, um Regierungen und Menschen zusammenzubringen und das Problem von jeder Seite anzugehen. Wenn wir das tun, können wir den Einsatz von Vergewaltigung als Kriegswaffe endgültig stoppen. Wir können es schaffen.«

Im Herbst 2017 wird sie als Gastdozentin an die London School of Economics berufen, wo sie am Zentrum für Frauen, Frieden und Sicherheit Vorlesungen hält. Im selben Jahr spricht sie vor Friedenstruppen der Vereinten Nationen im kanadischen Vancouver und fordert die Weltgemeinschaft wiederum mit deutlichen Worten auf, Vergewaltigungen in Kriegen wirksamer zu verhindern oder zumindest schärfer zu bestrafen. Sie bezieht sich vor allem auf das Schicksal der Rohingya, einer muslimischen Bevölkerungsgruppe, die aus dem buddhistischen Myanmar vertrieben wurde. Beinahe jede Frau sei Opfer sexueller Übergriffe geworden.

»Wir sind in der Lage, die Täter zu identifizieren. Was fehlt, ist der politische Wille.«

Zugleich spannt sie den Bogen in die vordergründig friedliche Welt: »Sexuelle Gewalt gibt es überall – in der Industrie, für die ich arbeite, im Business, in Universitäten, in der Politik, im Militär, rund um die Welt. Und zu oft wird über diese Art des Verbrechens gegen Frauen nur gelacht, wird sie als ein geringfügiges Delikt von jemandem, der sich nicht kontrollieren kann, dargestellt, als eine Krankheit oder als eine Art übertriebener sexueller Bedürfnisse. Aber ein Mann, der eine Frau misshandelt, ist nicht sexbesessen. Es ist sexueller Missbrauch.«

Gut zehn Jahre nach ihrer lebensverändernden Reise nach Kambodscha und ihren Ernennungen zur Sonderbotschafterin sowie später zur Sondergesandten des UNHCR scheint klar: Es ist ihr Lebensthema.

Anita Lasker-Wallfisch

* 17. Juli 1925

Als die weißhaarige, alte Dame mit fester Stimme erzählt, wie es sich anfühlte, in den 1930er-Jahren als Jüdin in Deutschland zu leben – »auf der Straße wurde ich angespuckt und ›dreckiger Jude‹ genannt« –, blicken die Zuhörer bedrückt auf ihre Pulte. Anita Lasker-Wallfisch ist da 92 Jahre alt, sie hat im Holocaust ihre Eltern verloren, hat als junges Mädchen die Vernichtungslager Auschwitz und Bergen-Belsen überlebt. Nun, am 31. Januar 2018, berichtet sie, »eine der rapide verschwindenden Augenzeugen der damaligen Katastrophe«, vor den Abgeordneten und geladenen Gästen im Berliner Reichstag von der dunkelsten Epoche Deutschlands.

»… auf der Straße wurde ich angespuckt und ›dreckiger Jude‹ genannt.«

Das, worüber sie spricht, liegt mehr als 70 Jahre zurück, es klingt wie aus einer fernen Vergangenheit, und die Rednerin, die heute in England lebt, sagt gegen Ende ihrer Rede auch: »Nach der Katastrophe hat sich Deutschland exemplarisch benommen. Nichts wurde geleugnet. Antisemitismus war nicht mehr modern.« Genau zwei Monate und 26 Tage später heißt es in derselben Stadt: »Berlin trägt Kippa.« Es ist die Antwort Tausender Menschen nach dem Überfall auf einen jungen Israeli, der ein paar Tage zuvor auf der Straße beschimpft und mit einem Gürtel geprügelt wurde – weil er mit einer Kippa auf dem Kopf in Berlin unterwegs war.

Anita Lasker-Wallfisch spricht zum Gedenktag der Opfer des Nationalsozialismus nicht nur über Vergangenheit, sie lenkt den Blick auch auf den »wieder aufblühenden Antisemitismus«. Viele Jahrzehnte lang hatte sie Deutschland gemieden, wollte nie wieder einen Fuß dorthin setzen. Wenn das Orchester, in dem sie als Cellistin spielte, Gastauftritte in Deutschland hatte, war sie automatisch von der Reise befreit. »Mein Hass auf alles, was deutsch war, war grenzenlos. Wie Sie sehen, bin ich eidbrüchig geworden – schon vor vielen, vielen Jahren –, und ich bereue es nicht. Hass ist ganz einfach ein Gift, und letzten Endes vergiftet man sich selbst.« Anerkennend erwähnt sie, »dass am 18. dieses Monats hier in diesem Hause einstimmig eine Resolution angenommen wurde, dass Antisemitismus entschlossen bekämpft werden muss. Man kann nur hoffen, dass Sie den Kampf gewinnen. Die Zukunft liegt in Ihren Händen … Antisemitismus ist ein zweitausend Jahre alter Virus, anscheinend unheilbar. Immer gibt es andere Gründe: Religion, Rasse. Nur sagt man heute nicht unbedingt ›Juden‹, heute sind es die Israelis, ohne wirklich die Zusammenhänge zu verstehen oder gar zu wissen, was hinter den Kulissen vor sich geht.«

Ihr weitsichtiger Auftritt in Berlin erhält große Beachtung und Beifall, wird vom Bundespräsidenten und von der Bundeskanzlerin begleitet, der Mitschnitt wird viele tausende Male im Internet aufgerufen. Die wichtigste Rede ihres Lebens aber musste sie schon als Teenager halten – am Tag nach ihrer Befreiung aus dem Konzentrationslager. »Hier spricht Anita Lasker, eine deutsche Jüdin …« Mit heller Mädchenstimme trägt sie an diesem 16. April 1945 vor, was sie in Auschwitz und Bergen-Belsen erlitten hat, spricht von den Gräueln und den Qualen, die man ihr und ihrer Schwester Renate sowie ungezählten Leidensgenossen zugefügt hat. Drei Minuten und 41 Sekunden dauert der Beitrag für den deutschen Dienst der BBC, der damals immer wieder ausgestrahlt wird.

»Juden werden kritisiert, dass sie sich damals nicht verteidigt haben, was nur bestätigt, wie unmöglich es ist, sich in unsere damalige Lage hineinzuversetzen. Und dann werden Juden kritisiert, wenn sie sich verteidigen …«

Die 19-Jährige hofft, so von überlebenden Verwandten in England gehört zu werden – ihre Familie in Deutschland ist ausgelöscht. Doch ihre Sätze sind auch ein erstes Anschreien gegen das Vergessen. »In der Nacht brannte das Feuer bis zum Himmel. Kinder hat man lebendig hineingeworfen, und aus Menschlichkeit pflegte man die anderen zu vergasen, das heißt zu betäuben. Wenn aber zu viel Arbeit war, pflegte man alle lebendig zu verbrennen. Die Schreie hörten wir bis in unsere Baracke. Dazu wurde immer Musik gemacht. Ich selbst befand mich in der Musikkapelle. Zu den furchtbarsten Dingen wurde Musik gemacht.« Sie nennt die unbarmherzigsten Aufseher beim Namen, im Vertrauen auf eine anbrechende Zeit des Rechts. »Wir blicken jetzt vorwärts, wir sind voller Hoffnung, voll neuen Mutes. Wir sind befreit.«

Jüngste von drei Töchtern einer wohlsituierten jüdischen Familie, weniger an Religion und mehr an den deutschen Klassikern interessiert, war Anita Lasker im seinerzeit noch deutschen Breslau aufgewachsen, der Vater Rechtsanwalt und dekorierter Frontkämpfer im Ersten Weltkrieg, die Mutter Geigerin. »Plötzlich war alles zu Ende. Das Idyll war zu Ende. Radikale Ausgrenzung – ›Juden unerwünscht‹ war überall zu lesen –, man darf nicht mehr ins Schwimmbad gehen, auf Parkbänken sitzen. Fahrräder mussten abgegeben werden. Männer mussten den Namen ›Israel‹ und Frauen den Namen ›Sara‹ zusätzlich annehmen. Wir mussten unsere Wohnung räumen und zurück ins Mittelalter. Wir mussten den gelben Stern auf unserer Kleidung tragen ... Unser Vater – unverbesserlicher Optimist – konnte es nicht glauben: Die Deutschen können doch diesen Wahnsinn nicht mitmachen.« Gebannt folgen die Zuhörer auf den vollbesetzten Tribünen des Reichstags ihren Ausführungen, eine beinahe atemlose Aufmerksamkeit im sonst eher unruhigen Plenarsaal in Berlin, der Stadt, wo man 1942 auf der Wannsee-Konferenz den Holocaust, die Ermordung aller Juden, organisierte. Nur drei Monate später wurden die Eltern deportiert. »Es erübrigt sich zu sagen, dass wir sie nie wiedergesehen haben. Ich war damals 16 Jahre alt.«

Gemeinsam mit ihrer Schwester Renate – Marianne, die Älteste, hatte es noch nach England geschafft – schlägt sie sich irgendwie durch. Doch im Dezember 1943 wird auch die 18-Jährige ins Vernichtungslager gezwungen, was sie, es ist ein Wunder, überlebt. Das Wunder? Anita Lasker, begeisterte Cellistin, wird Teil des Mädchenorchesters von Auschwitz, sie muss für die

Inhaftierten bei deren morgendlichem Gang in die Zwangsarbeit, zum Zeitvertreib der Wachen und auch zur Erbauung für die Vollstrecker wie den KZ-Arzt Josef Mengele spielen. Als die Sowjettruppen vorrücken, wird sie mit Renate, die kurz nach ihr deportiert worden war, und anderen noch Lebenden Richtung Westen nach Bergen-Belsen verlegt und dort im April 1945 von den Briten befreit. Anita Lasker emigriert bald nach England, wird Mitbegründerin des Londoner English Chamber Orchestra. Nicht einmal Auschwitz hatte ihre Liebe zur Musik töten können. Sie heiratet den Pianisten Peter Wallfisch, bekommt zwei Kinder, Enkel. Und eine Urenkelin, Alma, benannt nach der Leiterin des einstigen Mädchenorchesters, Alma Rosé. Die Nichte von Gustav Mahler hatte das Lager nicht überlebt.

»Überlebende sind eine Rasse für sich. Wie komplett auch die Integration in die Normalität sein mag, verbleibt immer ein unantastbares Gebiet, das der Alleinbesitz derer ist, die auf unerklärliche Weise verschont geblieben sind.«

Doch was sie sich sehr gewünscht hatte, Normalität, die bekam sie nicht. In ihren Erinnerungen, »Ihr sollt die Wahrheit erben«, schreibt Anita Lasker-Wallfisch: »Überlebende sind eine Rasse für sich. Wie komplett auch die Integration in die Normalität sein mag, verbleibt immer ein unantastbares Gebiet, das der Alleinbesitz derer ist, die auf unerklärliche Weise verschont geblieben sind.« Mehr als 40 Jahre nach der Befreiung schreibt sie ihre Geschichte auf – vor allem für ihre Kinder, nachdem sie sehr lange über das Erlittene nicht hatte sprechen können. Sie will damit gleichzeitig Millionen Ermordeten eine Stimme geben, denn die »verlassen sich auf die Überlebenden, Zeuge ihrer Existenz zu sein«. Wie quälend es gewesen sein muss, die Erinnerungen zu Papier zu bringen und schließlich auch öffentlich darüber zu sprechen, kann wohl niemand ermessen. »Es hat viele Jahre gedauert, bis mir klar wurde, dass der Holocaust mit Schweigen nicht aus der Welt zu schaffen ist.«

Tess Asplund – eine Frau leistet Widerstand

Haltung, Widerstand, Courage. Mit geballter Faust stellt sich Tess Asplund einer Gruppe von Neonazis in den Weg, das Bild wird millionenfach geteilt. Die Schwedin sagt später über ihren stillen Protest: »Ich war so wütend.«

Petra Kelly

* 29. November 1947 – Oktober 1992

Ich spreche so schnell, weil Frauen 2.000 Jahre nicht viel zu sagen hatten und das jetzt nachholen müssen.« Die hastige, atemlose Stimme war eines ihrer Markenzeichen, unverwechselbar auf den politischen Bühnen zwischen Bonn und New York. Doch Petra Kelly redete nicht nur schneller als andere Menschen, sie hatte auch mehr zu sagen.

> »Ich spreche so schnell, weil Frauen 2.000 Jahre nicht viel zu sagen hatten und das jetzt nachholen müssen.«

Ob im Deutschen Bundestag oder vor den Vereinten Nationen, in Talkshows oder im Streitgespräch mit Atomphysikern vor der Oxford Society. Ob bei einer Sitzblockade angekettet oder hofiert von den Mächtigen auf dem Weltwirtschaftsforum in Davos. Selbst wenn sie schwieg, war ihre Aussage klar. So wie 1983, als sie den Staatsratsvorsitzenden Erich Honecker in Ost-Berlin besuchte und die Jacke ablegte. Auf ihrem weißen Pullover prangte übergroß das in der DDR verbotene Symbol der Friedensbewegung »Schwerter zu Pflugscharen«. Das Bild ging um die Welt.
Schwerter zu Pflugscharen: Während all der Reden, Petitionen, Anfragen und persönlichen Erklärungen hatte die Politikerin und Aktivistin das eine Ziel vor Augen – eine Welt ohne Gewalt. Frieden, unbedingte Gewaltfreiheit war Kellys Lebensthema und Leitlinie für ihren Einsatz in der Grünen-Partei, die sie 1980 mitbegründet hatte. In einem offenen Brief an Vorstand und Basis formulierte sie dies 1983, kurz nach dem Einzug ins Bonner Parlament als Mahnung: »Unser gewaltfreier Weg, unsere ökologische Politik, so habe ich

grüne Politik immer verstanden, ist bestimmt von der Forderung nach einer gewaltfreien Gesellschaft ohne Profitmaximierung, ohne Ausbeutung, ohne Militarisierung, ohne Fremdbestimmung. Einer Politik, in deren Mittelpunkt der Mensch steht.« Vier Jahre später geht sie in einer Fraktionsdebatte mit Kollegen ins Gericht, die Sympathie für Gewaltakte der autonomen Bewegung bei Anti-AKW-Demos erkennen lassen. »Unsere Glaubwürdigkeit als eine radikal gewaltfreie Partei ist dahin, wenn man anfängt, gewisse Gewalttaten und Gewaltakte hier und da für berechtigt zu halten ... Wir müssen die Gewalt, die von Regierungen ausgeht, ablehnen, aber auch die Gewalt ablehnen, die von denjenigen ausgeht, die sie aus Frustration, aus Verzweiflung oder Ohnmacht praktizieren ... Gewalt ist niemals auf Versöhnung ausgerichtet. Und Gewalt bedeutet immer Unterwerfung. Ich glaube auch, dass Gewalt immer nur neue Gewalt erzeugt.«

Es war der Weg, den sie schon in ihrer Jugend einschlagen und den sie bis zu ihrem tragischen, gewaltsamen Tod nicht mehr verlassen sollte. Geboren 1947, war Petra Karin Kelly 1959 mit Mutter, Stiefvater John Kelly (der leibliche Vater hatte Frau und Kind früh verlassen) und der kleinen Schwester Grace von Günzburg in die USA übergesiedelt, wo Bruder John zur Welt kam. Rasch war sie auch dort wieder die Klassenbeste. Die »Liste ihrer Siege als öffentliche Sprecherin bei den verschiedenen Schul-, Distrikt- und Landeswettbewerben«, so ihre Biografin Monika Sperr, »liest sich, als sei sie auf Platz Nummer 1 aboniert gewesen«. 1966 entschied sie sich für die renommierte School of International Service der American University in Washington, D. C., ein erster Schritt in die politische Szene. 1968 stößt sie zum Wahlkampfteam von Robert F. Kennedy. Doch vorher bestreitet sie ihre erste eigene Wahl.

»Vote for a strong woman« hieß der Slogan, mit dem Petra Kelly den Sprung in den Studentensenat schaffte, für die USA der 60-Jahre ein bemerkenswert feministisches Motto. Kurz danach wählten die Kommilitonen sie erneut – zur »Outstanding woman of the year«. Sie engagierte sich in der Bürgerrechtsbewegung, gegen den Vietnamkrieg und organisierte Veranstaltungen wie die kulturpolitische Internationale Woche in Washington, die sie innerhalb von drei Jahren zum Großereignis aufbaute. Als sie 1970 nach Europa zurückkehrt, hat sie einen »Cum laude«-Abschluss und Empfehlungsschreiben wie das ihres Professors Alexander Buel Trowbridge im Gepäck: »Ich habe selten eine Studentin mit mehr Vorstellungskraft, Initiative, Sensibilität, Zivilcourage und unerschöpflicher Kraft für harte Arbeit gekannt.«

»Vote for a strong woman«

Charismatisch und kompromisslos, beseelt und besessen, die Attribute, die man Petra Kelly immer wieder zuschrieb, zeugen von einer starken Persönlichkeit mit einer klaren Haltung, die ihre Handlungen bestimmte. Diese Haltung beschreibt sie 1983 in einer persönlichen Erklärung im Bundestag. Sie habe gelernt, »dass Entscheidungen, die in unserem Namen getroffen werden, mit uns höchstpersönlich zu tun haben, und dass wir uns einmischen müssen. Ob du lebst oder nicht, darf nicht dem Zufall überlassen werden, und so ist eine Friedensbewegung, eine weltweite Widerstands- und Entmilitarisierungsbewegung ein sicherer Schutz gegen den Krieg. Jeder fünfte heute stirbt an Krebs in diesem Land, und es ist eine Zivilisationsseuche, hervorgebracht durch die chemische Industrie, die vergiftete Nahrung, die vergifteten Wolken und die vergifteten Meere, sei es durch Atomwaffenversuche in beiden Blöcken oder durch zivilen und militärischen Atommüll. Man kümmert sich nicht um die Konsequenzen und um zukünftige Generationen: Was Hiroshima widerfuhr, kann uns allen geschehen. Die ganze Welt ist ein Hiroshima, das die Bombe noch nicht getroffen hat.«

»Als Bürgerin dieses Landes fühle ich mich jedoch verpflichtet, darüber zu wachen, dass die von mir an den Staat abgeführten Geldmittel nicht für verfassungswidrige oder gar unmoralische Zwecke verwendet werden.«

Es ist sicher keine Übertreibung zu sagen: Petra Kellys Aktionsfeld war die ganze Welt. Und wenn ihre detailgespickten Reden keinen Zweifel an Fachkompetenz ließen, so waren sie doch immer auch voller Emotionen. Im Bundestag brachte sie das Sterben ihrer kleinen Schwester zur Sprache, das sie in die Politik geführt habe. »Anlass war der Tod meiner krebskranken, fast elfjährigen Schwester Grace, die drei Jahre lang unter Bestrahlungsapparaten ... der Krebsspitäler lag. Meine Schwester wurde mit einer hohen Dosis fast tagtäglich bestrahlt und wurde selbst zu einem Opfer dieses Atomzeitalters.«

In der amerikanischen Botschaft prangerte sie die Flüchtlingspolitik der Regierung Reagan an. »Jede Nacht patrouillieren an der Grenze zu Mexiko Tausende von amerikanischen Grenzbeamten mit Schäferhunden und Infrarotgeräten, um die Mexikaner und Mittelamerikaner zu fangen, die ... ins gelobte Land zu kommen trachten. Es ist illegal, so einzuwandern, es ist aber nicht gesetzeswidrig, Illegale zu beschäftigen.« Weil sie die deutsche Rüstung nicht unterstützen will, enthält sie dem Finanzamt 10 Prozent seiner Forderung vor – legt ihrem Schreiben aber ein Postsparbuch bei, auf dem sie exakt die einbehaltene Summe deponiert hat. »Als Bürgerin dieses Landes fühle ich mich jedoch verpflichtet, darüber zu wachen, dass die von mir an den Staat abgeführten Geldmittel nicht für verfassungswidrige oder gar unmoralische Zwecke verwendet werden.«

Als die Grünen bei der Bundestagswahl 1990 verlieren, rechnet sie auch mit ihren Parteifreunden gnadenlos ab, geißelt öffentlich Machogehabe und Lieblosigkeit, man sei »menschlich gescheitert«. Bei der anschließenden Vorstandswahl wird sie mit 32 von 660 Delegiertenstimmen regelrecht abgestraft und dem Kollaps nahe aus dem Saal geführt. Sie, die sich über Jahre hinweg nur drei, vier Stunden Schlaf pro Nacht gönnte, die in einer US-Fernsehsendung als »The best-known leader« der Grünen-Partei interviewt wird, der erste Grüne Popstar, wie man sie später preisen wird, ist abserviert. Rastlos arbeitet sie weiter, reist trotz Flugangst und wiederkehrenden körperlichen und psychischen Zusammenbrüchen um den Globus. So achtsam, wie sie sich um die Belange anderer Menschen kümmert, so sehr beutet sie sich und ihre Gesundheit aus.

Irgendwann im Herbst 1992 verstummt ihre helle, atemlose Stimme. Wahrscheinlich in der Nacht zum 1. Oktober erschießt Gert Bastian, seit 1980 ihr Lebensgefährte und politischer Mitstreiter, sie in der gemeinsamen Wohnung im Schlaf. Dann tötet er sich selbst. Erst drei Wochen später wird das Paar gefunden. Freunde sagen jetzt, aus der großen Liebe sei schon seit langer Zeit ein Kampf geworden. Einen Abschiedsbrief, eine Erklärung, ein letztes Wort gibt es nicht.

Frieden ist machbar… Petra Kelly mit blumenbekränztem Helm 1983 bei der Raketenblockade in Mutlangen, unterstützt von Gert Bastian (links neben ihr) und Heinrich und Annemarie Böll, die dahinter Platz genommen haben. Sitzstreik für einen gewaltfreien Weg

Winnie Madikizela-Mandela

* 26. September 1936 – 2. April 2018

D ie geballte Faust zum Himmel gestreckt und strahlend, so geht Winnie Mandela Hand in Hand mit ihrem Mann Nelson durch das Gefängnistor, als dieser nach Jahrzehnten der Haft in die Freiheit zurückkehrt. Fast 28 Jahre lang hat sie die Erinnerung an ihn, den Führer der Schwarzen von Südafrika, wachgehalten, war sein Sprachrohr in der Öffentlichkeit. Und ist dabei selbst zu einer Ikone des Widerstands geworden: Die 53-Jährige ist »Mama Wetu« – die Mutter der Nation.

»Je mehr sie versuchen, ihn zum Schweigen zu bringen, desto lauter werde ich.«

Knapp vier und zwei Jahre alt waren die Töchter Zeni und Zindzi, als Nelson Mandela, Vorsitzender des African National Congress ANC, Ende 1962 verhaftet wurde, bevor man ihn 1964 dann zu lebenslänglich verurteilte. Wie ihre Mutter mussten die beiden mehr als zwei Jahrzehnte lang warten, bis sie ihrem Vater zum ersten Mal wieder die Hand reichen durften. Jahrelang waren nur Briefe zugelassen, später dann Besuche hinter dicken, fast blickdichten Trennscheiben.

»Je mehr sie versuchen, ihn zum Schweigen zu bringen, desto lauter werde ich«, sagt Winnie Mandela. Auch wenn sie weiß, was sie sich mit dieser Haltung antut. Ihren ersten Zusammenstoß mit Polizei und Justiz im Apartheidstaat Südafrika, wo die weiße Regierung seit 1949 mit immer neuen Gesetzen und Einschränkungen die indigene Mehrheit unterdrückte, erlebte

Winnie Mandela 1958 mit 22 Jahren. Weil sie sich weigerte, einen speziellen Pass für Schwarze bei sich zu tragen, hatte man sie ins Gefängnis gesteckt. »Ich machte die schreckliche Erfahrung, dass ich beinahe mein erstes Kind verloren hätte. Wir schliefen direkt auf dem Zementfußboden, wir waren zu viele, wir hatten nicht für alle Matten zum Schlafen. Natürlich gaben wir sie den älteren Frauen«, schreibt sie 1984 in ihrem Erinnerungsbuch »Ein Stück meiner Seele ging mit ihm«. Es war der Auftakt zu einer schier endlosen Serie von immer neuen Prozessen, Inhaftierungen, von Verfolgung, Verbannung und Folter. Doch gleichzeitig beginnt sie zu erkennen, welche Stärke und welche Kraft in ihr stecken. Rückblickend wird sie sagen: »Nein, Leute wie mich kann man nicht mehr einschüchtern. Durch nichts mehr.«

Im Juni 1976 eskaliert die Lage, in Soweto, einem Vorort von Johannesburg, kommt es zur Revolte. Wütend über die Anordnung, Afrikaans, die Sprache ihrer Unterdrücker, zur Schulsprache zu machen, waren die schwarzen Schüler*innen und Studierenden zu Tausenden auf die Straße gegangen. Die Polizei schoss gnadenlos in die Menge, Hunderte Kinder kamen ums Leben. Gleich darauf gründet Winnie Mandela, Tochter eines Lehrerehepaars und erste schwarze Sozialarbeiterin des Landes, die »Black Parents«-Vereinigung, die sich dem Staat als Verhandlerin anbietet, doch der Staat lehnt ab.

In einem flammenden Appell hatte sie am 17. Juni zu den Eltern von Soweto gesprochen: »Nur wenn alle Gruppen von Schwarzen sich die Hand reichen und mit einer Stimme sprechen, werden wir eine Verhandlungsmacht sein, die über ihre eigene Zukunft entscheidet. … Wir bitten nicht um eine Mehrheitsregel, sie ist unser Recht, wir werden sie um jeden Preis bekommen. Uns ist klar, dass vor uns ein steiler Pfad liegt, aber wir werden bis zum bitteren Ende für Gerechtigkeit kämpfen … Wenn du dich selbst befreien willst, musst du die Ketten der Unterdrückung selbst brechen. Nur dann können wir unsere Würde zeigen, nur, wenn wir uns selbst befreit haben, können wir mit anderen Gruppen kooperieren. Erniedrigung, Demütigung, Beleidigung zu akzeptieren, heißt, Minderwertigkeit zu akzeptieren … Unser Leitspruch wird sein: Wenn das Denken frei ist, wird der Körper bald frei sein. Amandla ngawethu. Power to the People.«

Kurz darauf kommt Winnie Mandela in Haft, 1977 verbannt man sie in ein tristes Township mehr als 1.000 Kilometer nordöstlich von Kapstadt. Doch was dazu gedacht ist, sie kleinzukriegen, endet im Gegenteil. Allein Winnie Mandelas Anwesenheit verhilft den dort in Armut und Depression lebenden Schwarzen zu neuem Selbstbewusstsein. Bald gibt es eine Arbeitsvermittlung und bessere Löhne. Die Verbannte, rund um die Uhr beobachtet und Schikanen ausgesetzt, ebnet neue Wege. »Vieles ist anders geworden. Die Schwarzen benutzen nicht mehr diese kleinen Guckfenster in den Geschäften, die ausschließlich für sie gedacht waren. Die mussten geschlossen werden. Und als ich herkam, war es noch üblich, dass ein Bantu nicht den Bürgersteig benutzte, der den ›Madams‹ und ›Masters‹ vorbehalten war. … Ich habe nichts anderes gemacht, als mich anders zu verhalten. Und heute ist es so, wenn die Leute sehen, dass ich etwas tue, dann tun sie es auch.«

Unzählige Auflagen, gegen die sie verstoßen kann, lässt sich die Regierung einfallen. Nie darf sie mit mehr als einer Person sprechen, die nicht zur engsten Familie gehört – in sieben Jahren wird sie niemals die Schule ihrer Töchter betreten, sie darf keine Reden halten, keine Versammlungen besuchen. Immer wieder wird sie wegen Verstoßes gegen eine dieser Regeln verhaftet. Bischof Buthelezi sagt später: »Winnie Mandela hat man all die Jahre zum Schweigen verurteilt. Und dennoch hat ihr Leben uns mehr mitgeteilt als all die Reden, die sie hätte halten können, wäre sie nicht gebannt worden.«

Von den Weißen werden ihre Stimme und ihr Schweigen gleichermaßen gefürchtet. Denn beides macht schließlich auch im Ausland klar, wie unmenschlich das Regime ist, ihr Buch wird ein internationaler Bestseller. Wegen Terrorismusverdachts zwingt man sie für 491 Tage in Isolationshaft. Tagelang in absoluter Stille in der Todeszelle, Hunger, keine Gelegenheit, sich zu waschen – das Regime zieht alle Register der Folter und der Demütigung. Immer wieder bedrängt man sie, die Seiten zu wechseln, die Mitstreiter hätten sie ohnehin schon verraten und man habe längst verbreitet, sie arbeite mit dem Staat zusammen. Fassungslos sagt Winnie Mandela noch Jahre später: »Dass sie auch nur im Traum daran denken können, dass man so einfach seine Prinzipien aufgibt.« Während ihr Mann noch im Gefängnis saß, hatte man ihr Vergünstigungen versprochen für den Fall, dass sie sich scheiden lasse. Doch sie war loyal geblieben. Als Mandela aber 1990 aus der Haft zurückkehrt, ist die Ehe bald am Ende – die lange Trennung, sein versöhnlicher, ihr rigoroser Ansatz fordern ihren Tribut. 1996 lässt sich das Paar scheiden,

Winnie trägt von da an den Nachnamen Madikizela-Mandela. Dass ihr Mann, seit den Wahlen von 1994 erster schwarzer Präsident des Landes, gemeinsam mit dem Weißen Frederik de Klerk den Friedensnobelpreis angenommen hatte, nachdem 1992 die Rassentrennung per Referendum beendet worden war, erboste sie zutiefst.

Bald werden ihr Korruption, zweifelhafte Finanzgeschäfte und Verschwendungssucht vorgeworfen, was Madikizela-Mandela zurückweist. Ihr Amt als stellvertretende Ministerin für Kunst, Kultur, Wissenschaft, Technologie muss sie dennoch aufgeben. Die Heldin des Befreiungskampfes gegen das Apartheidregime hat ihren Nimbus verloren, vielen gilt sie als zwielichtige Person. Schon in den 80er-Jahren hatte sie die grausame Lynchjustiz an tatsächlichen oder angeblichen Regierungsspitzeln goutiert – und schließlich selbst wegen der Beteiligung an der Misshandlung und Ermordung eines Jugendlichen auf der Anklagebank gesessen. Mangels Beweisen hatte sie am Ende eine geringe Geldstrafe erhalten.

»Es ist ein Kampf geblieben, das Leben von Frauen aufzuwerten.«

Winnie Madikizela-Mandela aber kommt zurück, gewinnt wieder die Achtung ihrer Landsleute und mehrfach Wahlen, so auch zur Vorsitzenden der ANC-Frauen des African National Congress. Bis 2014 bleibt sie Mitglied der Nationalversammlung, ihr Engagement gilt nun dem Feminismus: »Es ist ein Kampf geblieben, das Leben von Frauen aufzuwerten. Noch immer kämpfen wir um völlige Gleichberechtigung. ... Es ist ein ernsthaftes Problem, dass Frauen beweisen müssen, dass sie gleichwertig sind. Ist das nicht höchst eigenartig? Männer wären ohne Frauen gar nicht auf der Welt!« Am 2. April 2018 stirbt »Mama Winnie«, die über sich selbst sagte: »Es ist mir nie in den Sinn gekommen, dass ich etwas anderes sein könnte als eine Kämpferin für die Befreiung meines Volkes und meines Landes.«

Graffitis für die neuen Frauen von Kabul

Frauen mit breiten Schultern sind ihr Hauptmotiv. Seit 2010 geht die gebürtige Iranerin Shamsia Hassani in Afghanistan einer gefährlichen Leidenschaft nach: Sie sprüht Graffitis an leere Wände. Doch die Kunstdozentin von der Universität Kabul und erste Graffiti-Künstlerin Afghanistans hat noch eine weitere Botschaft, denn sie möchte die neuen Frauen des Landes vorstellen – und die sind stark und furchtlos.

Astrid Lindgren
»Nie wieder Gewalt«

(…) Über den Frieden sprechen heißt ja über etwas sprechen, das es nicht gibt. Wahren Frieden gibt es nicht auf unserer Erde und hat es auch nie gegeben, es sei denn als Ziel, das wir offenbar nicht zu erreichen vermögen. Solange der Mensch auf dieser Erde lebt, hat er sich der Gewalt und dem Krieg verschrieben, und der uns vergönnte, zerbrechliche Friede ist ständig bedroht. (…)

Ich erinnere mich noch sehr gut daran, welch ein Schock es für mich gewesen ist, als mir eines Tages – ich war damals noch sehr jung – klar wurde, dass die Männer, die die Geschicke der Völker und der Welt lenkten, keine höheren Wesen mit übernatürlichen Gaben und göttlicher Weisheit waren. Dass sie Menschen waren mit den gleichen menschlichen Schwächen wie ich. Aber sie hatten die Macht und konnten jeden Augenblick schicksalsschwere Entscheidungen fällen. So konnte es, traf es sich besonders unglücklich, zum Krieg kommen, nur weil ein einziger Mensch von Machtgier oder Rachsucht besessen war, von Eitelkeit oder Gewinnsucht, oder aber – und das scheint das Häufigste zu sein – von dem blinden Glauben an die Gewalt als das wirksamste Hilfsmittel in allen Situationen. Entsprechend konnte ein einziger guter und besonnener Mensch hier und da Katastrophen verhindern, eben weil er gut und besonnen war und auf Gewalt verzichtete.

Daraus konnte ich nur das eine folgern: Es sind immer auch einzelne Menschen, die die Geschicke der Welt bestimmen. Warum aber waren denn nicht alle gut und besonnen? Warum gibt es so viele, die nur Gewalt wollten und nach Macht strebten? Waren einige von Natur aus böse? Das konnte ich damals nicht glauben, und ich glaube es auch heute nicht. Die Intelligenz, die Gaben des Verstandes mögen zum größten Teil angeboren sein, aber in keinem neugeborenen Kind schlummert ein Samenkorn, aus dem zwangsläufig Gutes oder Böses sprießt. Blicken wir nun einmal zurück auf die Methoden der Kindererziehung früherer Zeiten. Ging es dabei nicht allzu häufig darum, den Willen des Kindes mit Gewalt, sei sie physischer oder psychischer Art, zu brechen? (…)

Wie aber war denn nun die Kindheit aller dieser wirklich »verdorbenen Knaben«, von denen es zurzeit so viele auf der Welt gibt, dieser Diktatoren, Tyrannen und Unterdrücker, dieser Menschenschinder? Dem sollte man einmal nachgehen. Ich bin überzeugt davon, dass wir bei den meisten von ihnen auf einen tyrannischen Erzieher stoßen würden, der mit einer Rute hinter ihnen stand, ob sie nun aus Holz war oder im Demütigen, Kränken, Bloßstellen, Angstmachen bestand. Muss man da nicht verzweifeln, wenn jetzt plötzlich Stimmen laut werden, die die Rückkehr zu dem alten autoritären System fordern? (…)

Freie und unautoritäre Erziehung bedeutet nicht, dass man die Kinder sich selber überlässt, dass sie tun und lassen dürfen, was sie wollen. Verhaltensnormen brauchen wir alle, Kinder und Erwachsene, und durch das Beispiel ihrer Eltern lernen die Kinder mehr als durch irgendwelche anderen Methoden. Ganz gewiss sollen Kinder Achtung vor ihren Eltern haben, aber ganz gewiss sollen auch Eltern Achtung vor ihren Kindern haben. Liebevolle Achtung voreinander, das möchte man allen Eltern und allen Kindern wünschen.

Jenen aber, die jetzt so vernehmlich nach härterer Zucht und strafferen Zügeln rufen, möchte ich das erzählen, was mir einmal eine alte Dame berichtet hat. Sie war eine junge Mutter zu der Zeit, als man noch an diesen Bibelspruch glaubte, dieses »Wer die Rute schont, verdirbt den Knaben«. Im Grunde ihres Herzens glaubte sie wohl gar nicht daran, aber eines Tages hatte ihr kleiner Sohn etwas getan, wofür er ihrer Meinung nach eine Tracht Prügel verdient hatte, die erste in seinem Leben. Sie trug ihm auf, in den Garten zu gehen und selber nach einem Stock zu suchen, den er ihr dann bringen sollte. Schließlich kam er weinend zurück und sagte: »Ich habe keinen Stock finden können, hier hast du einen Stein, den kannst du ja nach mir werfen.« Da aber fing auch die Mutter an zu weinen, denn plötzlich sah sie alles mit den Augen des Kindes. Das Kind musste gedacht haben, »meine Mutter will mir wirklich weh tun, und das kann sie ja auch mit einem Stein«. Sie nahm ihren kleinen Sohn in die Arme, und beide weinten eine Weile gemeinsam. Dann legte sie den Stein auf ein Bord in der Küche, und dort blieb er liegen als ständige Mahnung an das Versprechen, das sie sich in dieser Stunde selber gegeben hatte: »NIEMALS GEWALT!«

Astrid Lindgren,   * 14.11.1907 – 28.1.2002

»Nie wieder Gewalt«, Rede zur Verleihung des Friedenspreises des Deutschen Buchhandels in der Frankfurter Paulskirche, 22.10.1978

Quellenverzeichnis

Textnachweise

Einleitung

Simone de Beauvoir: Das andere Geschlecht, Rowohlt Verlag 2000
Olympe de Gouges: Schriften, Stroemfeld/Roter Stern 1989
Marie Juchacz: Wortbeitrag in der Nationalversammlung, 19.2.1919
Annette Kolb: Die Literarische Welt. Selbstdarstellungen deutscher Dichter, Band 2
Elisabeth Selbert, Rundfunkansprache, 19.1.1949

Kapitel 1, Ich bin ...

Waris Dirie
Waris Dirie: Afrika braucht einen neuen Spirit, Rede in Nairobi, 23.9.2015
»Die Folter beenden«, Interview mit Deutsche Stiftung Weltbevölkerung, 5.2.2016
»Ich bin nicht hier, um anderen zu gefallen«, Die Zeit, 10.7.2008
»Mir war klar, dass ich eines Tages dagegen kämpfen würde«, Interview mit Kinofenster.de, 28.8.2009

Caitlyn Jenner
Call me Caitlyn, Interview mit Vanity Fair, Juni 2015
Caitlyn Jenner: Rede bei den Espy Awards, 16.7.2015

Nadia Murad
Die Stimmen der Jesiden: Nadia Murad, Berliner Morgenpost, 24.12.2017
Gegen Menschenhandel: Amal Clooney und Ex-IS-Gefangene treffen Kretschmann, Stuttgarter-Zeitung.de, 12.9.2016
Nadia Murad im Interview mit Report München, BR 11/2016
Nadia Murad: Rede vor dem UN-Sicherheitsrat, 18.12.2015
Versklavte Jesidinnen, Spiegel Online, 28.5.2017

Laxmi Agarwal
Ein Mann verätzte ihr Gesicht – nun ist sie Model, welt.de, 16.1.2016
Get Inspired: Things to learn from Laxmi Agarwal, She, 3.9.2015
Gezeichnet, aber nicht mutlos, Stuttgarter-Zeitung.de, 1.12.2015
Säureopfer wird das neue Gesicht eines Mode-Labels, Deutschlandfunk.de, 21.1.2016
Women must stop feeling guilty, rediff.com, 4.3.2016

Bärbel Bohley
Bärbel Bohley: Über das Ende der DDR, Vortrag in der Universität Augsburg, 21.11.2006
Die Freie – Bärbel Bohley ist tot, Der Tagesspiegel, 11.9.2010
Die Mutmacherin, Spiegel Online, 11.9.2010
Wiederbegegnung mit Bärbel Bohley, FAZ, 3.4.2009
www.baerbelbohley.de

Michelle Obama – Rede: © White House Office of the First Lady

Kapitel 2, Von Amts wegen ...

Simone Veil
Das Archiv: Simone Veil, arte.tv
Erklärung des französischen Präsidialamtes zum Tod von Simone Veil, 30.6.2017
Heroïnes: Simone Veil, l'Officiel, 30.6.2017
Ich war die Hassfigur der Reaktionäre, Potsdamer Neueste Nachrichten, 21.3.2009
Simone Veil, Notre Heroïne, Elle, 7.7.2017
TEXTE – Le discours de Simone Veil en 1974 à l'Assemblée nationale, BFMTV
»Wir haben abgetrieben!«, Stern, 6.6.1971

Seyran Ateş
Seyran Ateş: Martin-Luther-King-Lecture, 4.4.2018
Frauenrechtlerin gründet Moschee, Spiegel Online, 12.6.2017
Grüß Gott, Frau Imamin!, Die Zeit, 13.6.2017
Multikulti ist verantwortungslos, taz, 28.2.2005
Seyran Ateş zur doppelten Staatsbürgerschaft, Legal Tribune Online, 18.3.2013
Sie verglühen vor Leidenschaft, Der Spiegel, 12.10.2009

Jane Goodall
Eine Affenliebe, ZEITmagazin Nr. 34, 18.8.2011
Jane Goodall beim TEDGlobal, 5. Juni 2007
»Ö-hö-hö-hö-hö-hö«, Der Spiegel, 2.10.2015
Wie Jane Goodall Chinas Natur retten will, Spiegel Online, 17.11.2014
In Frieden leben, Schrot& Korn 5/2018

Waltraud Schoppe
Das Grölen der Männer, Welt am Sonntag, 10.5.2009
Einspruch! Reden von Frauen, Waltraud Schoppe, Reclam Verlag 2011
Lila Frevel, Der Spiegel, 14.2.1994
Orgasmus im Bundestag, Die Zeit, 27.3.2013
Waltraud Schoppe, Rede im Deutschen Bundestag, 5.5.1983
Wir waren erfüllt von einem großen Pioniergeist, Nordwest-Zeitung, 22.5.2008

Estela de Carlotto
A grandmother's 36-year hunt for the child stolen by the Argentinian junta, The Guardian, 7.6.2015
Auf der Suche nach den geraubten Enkeln, Deutschlandfunk.de, 11.6.2016
Die Großmütter von der Plaza de Mayo, BR.de, 28.5.2016
Estela de Carlotto hunts for Argentina's grandchildren ›stolen‹ decades ago,
The Christian Science Monitor, 21.12.2012

Hillary Clinton – Rede: © US-Botschaft und Konsulate in Deutschland

Kapitel 3, Next generation …

Chimamanda Ngozi Adichie
Can people please stop telling me feminism is hot?, The Guardian, 4.3.2017
Chimamanda Ngozi Adichie: Mehr Feminismus!, Fischer Verlag 2016
Chimamanda Ngozi Adichie on How to Write and How to Read, Literary Hub, 15.9.2017
Chimamanda Ngozi Adichie on the »Baffling« Subculture of Fashion Week and Loving Fashion All the Same,
elle.com, 30.11.2016
Chimamanda Ngozi Adichie: »We should all be Feminists«, HarperCollinsPublishers 2014

Emma González
Das quälende Schweigen der Emma González, welt.de, 25.3.2018
Emma González: Rede in Fort Lauderdale, 17.2.2018
Emma González: Rede in Washington, D. C., 25.3.2018
Parkland Student Emma González Opens Up About Her Fight of Gun Control, harpersbazaar.de, 26.2.2018
»Schützt Kinder, nicht Waffen!«, Deutschlandfunk.de, 24.3.2018

Patrisse Khan-Cullors
An interview with the founders of Black Lives Matter, TEDWomen, 29.11.2016
Patrisse Khan-Cullors, #Black Lives Matter, Kiepenheuer & Witsch 2018

Malala Yousafzai
»Ich habe jeden Tag davon geträumt, nach Pakistan zurückzukehren«, Spiegel Online, 29.3.2018
Malala Yousafzai: Ich bin Malala, Knaur 2013
Malala Yousafzai: Rede vor den Vereinten Nationen am 12.7.2013
Malala Yousafzai: Rede zur Verleihung des Friedensnobelpreises, 10.12.2014

Manal al-Sharif
Manal al-Sharif: Losfahren, Secession Verlag für Literatur 2017
Manal al-Sharif: Rede vor dem Oslo Freedom Forum, 10.5.2012
Ein Stückchen Emanzipation, Deutschlandfunk.de, 4.10.2017
Weshalb Saudi-Arabien gerade jetzt seinen Frauen das Autofahren erlaubt, Neue Zürcher Zeitung, 27.9.2017

Kapitel 4, Wer, wenn nicht ich …

Oprah Winfrey
Oprah to those who don't ›like‹ Clinton: »She's not coming over to your house«, cnn.com, 21.10.2016
Oprah Winfrey: Rede bei den Golden Globes, 8.1.2018

Angelina Jolie
Berlinale-Interview mit Angelina Jolie, »Ich kann zwischen den Welten wandern«, Berliner Zeitung, 13.2.1012
Angelina Jolie condemns sexual violence in United Nations speech, The Telegraph, 16.11.2016
Angelina Jolie: Rede beim Summit to End Sexual Violence in Conflict, 10.6.2014
Angelina Jolie: Tagebuch einer Reise, bombus verlag 2004
Angelina Jolie urges UN peacekeepers to crack down on sexual violence, The Guardian, 15.11.2017
Should She Run?, Elle USA, 3/2018
Zurück nach Kambodscha, Nordwest-Zeitung Online, 22.2.2016

Anita Lasker-Wallfisch
Anita Lasker-Wallfisch: Rede zum Tag des Gedenkens an die Opfer des Nationalsozialismus, Deutscher Bundestag, 31.1.2018
Anita Lasker: Radioansprache am 16.4.1945
Anita Lasker-Wallfisch: Ihr sollt die Wahrheit erben, Rowohlt Verlag 2000

Petra Kelly
Petra Kelly in der NDR-Talkshow, 1990

Petra Kelly. Mit dem Herzen denken: Texte für eine glaubwürdige Politik, Beck'sche Reihe 1990
Claudia Roth: Rede anlässlich von Petra Kellys 70. Geburtstag, 29.11.2017
Monika Sperr: Petra Karin Kelly, C. Bertelsmann Verlag 1983

Winnie Madikizela-Mandela
200 Frauen, Elisabeth Sandmann Verlag 2017
Winnie Mandela: Ein Stück meiner Seele ging mit ihm, Rowohlt Verlag 1985
Winnie Mandela: Rede in Soweto, 17. 6. 1976
Naomi Campbell: Rede zu Madikizela-Mandelas Trauerfeier in Soweto, 14.4.2018
Why Winnie Mandela must be celebrated as an African feminist icon, cnn.com, 13.4.2018

Astrid Lindgren – Rede: © Verlag Friedrich Oetinger Verlag, Hamburg

Wir haben uns nach besten Kräften bemüht, sämtliche Rechteinhaber der verwendeten Texte zu ermitteln. Falls etwas übersehen wurde, sind wir für Hinweise dankbar.

Bildnachweis

Getty Images, München: Seite 77, **94** (Odd Andersen/AFP); 49, **50** (Michel Artault/Gamma-Rapho); 16 (Bettmann); 48, **54** (Emmanuele Contini/NurPhoto); 48, **70** (Manuel Cortina/NurPhoto); 6, **25** (J. Countess); 76, 78 (Stephane de Sakutin/AFP); 76, **88** (Rodin Eckenroth); Vor- und Nachsatzpapier, 6 (Chuck Fishman); 18, **30** (Frederick Florin/AFP); 102, **124** (Alexander Joe/AFP); 102, **108** (Jordan Pix); 6, **87** (Nicholas Kamm/AFP); 18, **34** (Rama Lakshmi/The Washington Post); 76, **82** (Kevin Mazur); 6, 77, **98** (Marwan Naamani/AFP); 14, **39** (Teresa Palomo/NurPhoto); 6, 18, **20** (Toni Passig/WireImage); 45 (Ryan Pierse); 48, **60**, 93 (Andreas Rentz); 102, **118** (Gaby Sommer/Gamma-Rapho); 59 (STR/AFP); 14 (Paul Thompson/Topical Press Agency); 19, **26** (Kevin Winter); 103, **104** (Alex Wong)

Shamsia Hassani: 129

picture-alliance, Frankfurt am Main: 69 (abaca/SalamPix); 103, **112** (Nicolas Armer/dpa); 48, **64** (Martin Athenstädt/dpa); 18, **40** (B. Gindl/APA-Archiv); 123 (Karin Hill/dpa); 117 (David Lagerlof/Expo)

Yvonne Schmedemann: 10

ullstein bild, Berlin: 15 (Robert Sennecke)

Literaturverzeichnis

Adichie, Chiamando Ngozi: Mehr Feminismus! Ein Manifest und vier Stories, Fischer Taschenbuch, 2016

Anderson, Chris: Ted Talks. Die Kunst der öffentlichen Rede, Fischer Taschenbuch, 2017

Ateş, Seyran: Selam, Frau Imamin: Wie ich in Berlin eine liberale Moschee gründete, Ullstein Verlag, 2017

Beard, Mary: Frauen & Macht, S. Fischer, 2018

de Beauvoir, Simone: Das andere Geschlecht, Rowohlt, 2000

Bollmann, Stefan: Frauen, die denken, sind gefährlich und stark, Elisabeth Sandmann Verlag, 2015

Dirie, Waris: Wüstenblume, Ullstein, 2004

de Gouges, Olympe: Schriften, Stroemfeld / Roter Stern, 1989

Goodall, Jane: Die Erde gehört uns nicht allein, Giger Verlag, 2011

Goodall, Jane: Grund zur Hoffnung, Riemann, 2006

Hobday, Ruth & Blackwell, Geoff: 200 Frauen. Elisabeth Sandmann Verlag, 2017

Jenner, Caitlyn / Bissiger, Butz: Mein großes Geheimnis. Gefangen im falschen Körper, Hannibal Verlag, 2017

Jolie, Angelina: Tagebuch einer Reise, Begegnungen mit Flüchtlingen in Afrika, Kambodscha, Pakistan und Ecuador, Bombus-Verlag, 2004

Karl, Michaela: Die Geschichte der Frauenbewegung, Reclam, 2011

Kaufhold, Martin: Die großen Reden der Weltgeschichte, marixverlag, 2008

Kelly, Petra: Mit dem Herzen denken, Beck Verlag, 1990

Khan-Cullors, Patrisse: # Black Lives Matter, Kiepenheuer & Witsch, 2018

Kühne, Ulrich, Hg.: Mutige Menschen. Frauen und Männer mit Zivilcourage, Elisabeth Sandmann Verlag, 2011

Lasker-Wallfisch, Anita: Ihr sollt die Wahrheit erben. Die Cellistin von Auschwitz, Rowohlt Taschenbuch Verlag, 2018

Mandela, Winnie: Ein Stück meiner Seele ging mit ihm, Rowohlt Taschenbuch, 1985

Murad, Nadia: Ich bin eure Stimme, Knaur, 2017

Obama, Michelle & Barack: Zeigt Gesicht! Die Abschiedsreden, Ullstein, 2017

al-Sharif, Manal: Losfahren, Secession Verlag, 2017

Sperr, Monika: Petra Karin Kelly. Politikerin aus Betroffenheit, C. Bertelsmann Verlag, 1983

Tonger-Erk, Lily und Wagner-Egelhaaf, Martina (Hg.): »Einspruch! Reden von Frauen«, Reclam, 2011

Veil, Simone: Und dennoch leben, Aufbau Verlag, 2009

Yousafzai, Malala: Ich bin Malala. Das Mädchen, das die Taliban erschießen wollten, weil es für das Recht auf Bildung kämpft, Droemer, 2013

Winfrey, Oprah: Was ich vom Leben gelernt habe, Fischer Taschenbuch Verlag, 2015

Danke! An all die Frauen, die sich ein Herz gefasst, das Wort ergriffen und damit die Verhältnisse zum Besseren gewandt haben. Die sich nicht abspeisen ließen, die klug, mutig, unverdrossen gegen Ungerechtigkeiten angingen – wann und wo auch immer. DankeDankeDanke!

Danke! Schon jetzt an all die Frauen, die sich heute oder in Zukunft ein Beispiel nehmen, Haltung zeigen und ihre Stimme erheben – für sich und für andere.

Danke! An die Frauen, ohne die es dieses Buch nicht gäbe: Elisabeth Sandmann, die mir dieses Projekt anvertraut hat, was ich als Ehre empfinde. Ihr und Anne Stukenborg danke für stete Inspiration, ihren Rat, ihre Kritik, Verena von Plüskow für ihr engagiertes und einfühlsames Lektorat, Marion Ruhdorfer und Ina Zimmermann für das Layout, denn Bücher sprechen nicht nur, sie haben auch ein Gesicht.

Danke! An Kurt, ein Fels in der Brandung, für seinen unerschütterlichen Beistand und seinen Humor. Und an alle Männer, die Frauen stärken und beflügeln.

Widmen möchte ich dieses Buch meiner Mutter Elisabeth, die mir beigebracht hat, den Rücken grade zu machen. Sie fehlt mir sehr.